Pamphlet, documenti, storie

REVERSE

Soci: Gruppo Editoriale Mauri Spagnol S.p.A.
Lorenzo Fazio (direttore editoriale)
Sandro Parenzo
Guido Roberto Vitale (con Paolonia Immobiliare S.p.A.)
Sede: Via Guerrazzi, 9 - Milano

ISBN 978-88-6190-454-5

Prima edizione: ottobre 2013

www.chiarelettere.it
BLOG / INTERVISTE / LIBRI IN USCITA

Foto di copertina: Daniel Schwen sotto licenza Creative Commons
Attribution Share Alike 3.0 Unported

Paolo Nori

Mo mama

(da chi vogliamo essere governati?)

chiarelettere

Paolo Nori, nato a Parma nel 1963, abita a Casalecchio di Reno e, come ha già detto anche un'altra volta, non sa mai cosa scrivere in queste note biografiche dove dovrebbe far finta di non essere lui, e far capire che è bravo, e intelligente, e modesto, e magro, perfino.

Sommario

MO MAMA

MO MAMA

Erano i giorni migliori, erano i giorni peggiori,
era un'epoca di saggezza, era un'epoca di follia, era tempo di fede,
era tempo di incredulità, era una stagione di luce, era una stagione buia,
era la primavera della speranza, era l'inverno della disperazione,
ogni futuro era di fronte a noi, e futuro non avevamo.

Charles Dickens

Allora

Allora.

Giovedì 11 ottobre 2012, verso le sette di sera, a Parma, in piazza Duomo, ero con un ragazzo di Piacenza che si chiama Matteo. Dovevamo andare al circolo Arci Fuori Orario di Taneto di Gattatico a fare un servizio sul sindaco di Parma, e ci siam messi a parlare ci siam trovati d'accordo sul fatto che il prosciutto buono, lo fanno a Parma, la coppa buona, la fanno a Piacenza. Sul salame, non ci siamo trovati d'accordo. Lui diceva che il salame buono lo facevano a Piacenza, io dicevo che lo facevano a Parma.

Allora a me è venuto in mente un mio amico armeno che, quando l'avevo conosciuto, quindici anni prima, a Erevan, mi aveva detto che lui, quand'era piccolo, gli leggevano Shakespeare in armeno, ed era così bello che lui pensava che Shakespeare fosse armeno avesse scritto le sue opere in armeno e ci era rimasto malissimo, quando si era accorto che Shakespeare era inglese aveva scritto in inglese. E mi aveva detto che lui, che aveva cinquant'anni, l'inglese non l'aveva mai imparato, ma se avesse imparato l'inglese e avesse letto Shakespeare in inglese lui era convinto, ancora a cinquant'anni, che non sarebbe mai stato bello come quello tradotto in armeno che gli leggevano quando era piccolo.

«Secondo me io – avevo detto a quel ragazzo di Piacenza, – eran così buoni, i salami che ho mangiato da piccolo, che non posso credere che da nessuna parte nel mondo se ne faccian di più buoni.»

Ecco.

Dopo forse son io, forse è la mia famiglia, forse è la mia educazione, ma secondo me, Parma, non so, io ho l'impressione che Parma è una città dove, quand'ero piccolo io, negli anni sessanta e settanta, non succedeva niente.

C'era come una bolla che teneva tutto sotto controllo, come se l'aria, a Parma, fosse più rarefatta, come se a Parma, le cose, andassero più lentamente che nel resto del mondo e noi, che abitavamo a Parma, era come se pensassimo che le cose che succedevano a Parma, le poteva capire solo uno di Parma.

Cioè, non è neanche che lo pensassimo, era evidente.

Che quelli che non eran di Parma, cosa vuoi che capissero, di Parma? Quando facevan dei film ambientati a Parma, per dire, ai parmigiani li facevano parlare in bolognese, ma si può? Come se Parma e Bologna fossero la stessa cosa, ma scherziamo? Nell'ottocento c'erano due frontiere, tra Parma e Bologna, eran due stati che non confinavan neanche e Parma, tra l'altro, era capitale, Bologna no, pensavamo a Parma negli anni sessanta e settanta e qualcuno, a Parma, lo pensa ancora.

Che noi parmigiani, delle volte, in Emilia, la gente nel mondo è abituata a pensare che in Emilia la città principale è Bologna, ecco noi a Parma non è che siamo proprio tutti d'accordo. Un po' perché a noi, a Parma, essere i primi è una cosa che ci sembra che ci vien naturale: si dice Parmigiano Reggiano, non Reggiano Parmigiano, e non potrebbe essere altrimenti, sembra a noi parmigiani. E nel 1545, quando il papa Paolo III crea, per suo figlio Pier Luigi, un ducato, lo chiama ducato di Parma e Piacenza, non ducato di Piacenza e di Parma, e non potrebbe essere altrimenti, sembra a noi parmigiani. E recenti studi, pubblicati sulla stampa parmigiana, attestano senza ombra di dubbio che il più antico giornale d'Italia è la «Gazzetta di Parma», non la «Gazzetta di Mantova», e non potrebbe essere altrimenti, pensiamo noi parmigiani. E la prima radio libera italiana, quale può essere stata, se non Radio Parma? Che per Radio Parma, tra l'altro, qualche anno fa, hanno detto per radio che erano stati scoperti degli antichissimi documenti che avrebbero dimostrato che la più antica università del mondo non era, come si era pensato, erroneamente, fino ad allora, l'università di Bologna, o quella di Parigi, no, era quella di Parma. Noi parmigiani, io, per esempio, come parmigiano, il prosciutto San Daniele io non so neanche se esiste. Fan dei prosciutti, a San Daniele? Con quel freddo lì che c'è là in Friuli? Ma saran buoni?

Ma anche delle altre cose.

Cioè a Parma, quando io ero piccolo, non so, la delinquenza, l'impressione che avevo era che non ce n'era, di delinquenza, a Parma, negli anni sessanta e negli anni settanta. Cioè magari c'era, ma io, a me mi sembrava che, anche se c'era, era una delinquenza particolare, parmigiana, il che un po' cambiava le cose; e mi sembra ancora adesso, devo dire. Non so, per esempio, uno che uccide i suoi genitori, l'ho anche già scritta da un'altra parte, questa cosa, uno che uccide i suoi genitori, per esempio, se è uno di Parma, io il primo pensiero che ho è "Si vede che gli avevan fatto qualcosa", mi vien da pensare. Non so se mi spiego.

E questa cosa io la penso anche adesso che non abito più a Parma da dieci anni, è una cosa che è talmente radicata in me che io la penso contro la mia volontà, io sono fatto, in un certo senso, di quel pensiero lì, che uno di Parma non può far male a nessuno, che lo so che è un pensiero stupido, pazienza, se è stupido.

E quando abitavo ancora a Parma che ero piccolo che succedeva, delle volte, che la televisione di Roma parlavan di Parma, uno di Parma, a sentir nominare Parma, un po' aveva vergogna, come se avessero detto il suo nome, per televisione, un po' gli veniva da chiedersi "Ma cosa vuoi che sappiano la televisione di Roma di quel che succede a Parma?". Insomma, delle cose così.

Genova

Allora.

Il 18 novembre del 2012, al pomeriggio, alle 18, ero a Genova, in via XX settembre, a aspettare che arrivassero le 19 e 30, che era l'ora che avevo appuntamento con una troupe televisiva che saremmo dovuti andare allo stadio Luigi Ferraris di Genova, detto Marassi, che sarebbe poi dovuta cominciare la partita Sampdoria-Genoa che dovevo andare a vedere per dei motivi che con questo libro non c'entrano niente; e mi ero ricordato, il 18 novembre del 2012, di pomeriggio, che anche in un altro libro che avevo scritto su Parma, una specie di guida di Parma (che non era una guida di Parma), chiedo scusa se mi cito, era una specie di guida di Parma che era uscita nel 2007, anche in quella lì c'era una parte, qualche pagina, dedicata a Genova.

Chissà, come mai.

Cioè io lo so, come mai. Il motivo è che intanto che stavo scrivendo quella specie di guida di Parma mi avevano invitato a Genova, e dopo, essendo a Genova, mi era venuto da scrivere di Genova e, per giustificare la cosa, avevo scritto nel libro che quelle note su Genova che avevo messo in quella specie di guida di Parma che non era una guida di Parma potevano venire buone anche al lettore casomai gli capitasse di dover mai andare a Genova, che è una cosa che a pensarci può valere anche per questo, di libri.

Che Genova, non so se ci siete stati, uno che non c'è stato pensa per esempio che Genova sia una città di mare, ecco, può anche darsi, ma Genova, il pomeriggio del 18 novembre del 2012, era una città di cielo, di lenzuola, di panchine e di scale, di parcheggi e di cavalcavia, di muri spessi, di foglie per terra, di gente che giocava a bocce con la giacca attaccata a un chiodo piantato contro il muro, di scritte, sul muro, in via Balbi, che c'era scritto «Basta fatti, vogliamo promesse», o, in zona Marassi, «Insorgiamo», con la a cerchiata che quella, per me è una cosa strana.

Che io con l'anarchia, adesso sarebbe un discorso lungo, e complicato, e non è importante spiegare il perché, ma per delle ragioni che non è importante spiegare a me vien da dire che io sono abbastanza d'accordo, di solito, con l'anarchia e con gli anarchici, anche se il discorso sarebbe un po' lungo, e complicato, e allora leggendo «Insorgiamo» con la a cerchiata avrei dovuto pensare "Va bene, insorgiamo", invece, il 18 novembre del 2012, "Ma insorgiamo per cosa?", ho pensato.

E la stessa cosa la penso anche adesso che è maggio e sono a casa che anche fare la rivoluzione, che ci son certi adesso che dicono che loro han fatto la rivoluzione, e io, quando li sento parlare, "Ma che rivoluzione volete aver fatto?", mi vien da pensare.

Dopo, per via di Genova, io quando vado a Genova, mi sembra di vederla, Genova, invece Parma, quando vado a Parma, io Parma a vederla faccio fatica, perché mi salta addosso, come se fosse un cane, e più che vederla mi sembra di sentirla, di sentirne l'odore, le zampe, l'affetto, il caldo che mi fa.

Comune

E poi.

Nel mese di maggio del 2012, quando ci son state le ultime elezioni comunali, c'era una lista che alle precedenti elezioni, del 2007, si era chiamata Parma in comune che aveva cambiato nome adesso si chiamava Parma bene comune che era un nome che io, l'ho anche già scritta questa cosa, non lo capivo.

Lo sapevo: era un periodo che c'erano delle campagne, sulla stampa, su internet, sui social network, sulla cultura come bene comune, e qualche mese prima, quando c'erano stati i referendum, uno degli slogan era stato «Acqua bene comune», lo sapevo.

Ma eran cose che io, sarò io, avevo pensato, ma non le capivo. Non capivo in che senso Parma, per esempio, o l'acqua, sarebbero dei beni comuni.

C'era un anarchico di Modena che una volta gli avevan chiesto cosa pensava dell'antiamericanismo e lui aveva risposto che l'antiamericanismo non aveva senso, perché l'America era di tutti.

Ecco, avevo pensato, questa cosa qua, io, la capisco.

Il mare, avevo pensato, lo capivo anch'io, era di tutti. La pioggia, lo capivo anch'io, era di tutti. E Parma, e l'America, e l'aria, e la cultura, lo capivo anch'io, eran di tutti.

Quello che non capivo era perché avrebbero dovuto essere dei beni. Parma non era un bene, secondo me.

Parma, secondo me, era un'idea, un accento, un modo di parlare, di imprecare, di gesticolare, era una cantilena, era un dialetto, era un modo di camminare, era un modo di accendersi le sigarette, era un modo di piegare la testa quando si guardava, era la luce che c'era sulla via Emilia a una cert'ora del giorno, era l'odore che c'era in Cittadella quand'era piovuto, era il suono delle campane della Steccata, che eran tutte cose che non si potevano scrivere dentro un bilancio, beni mobili, beni immobili, ammortamenti.

C'era una poesia di Brodskij che diceva a un certo momento: «I rintocchi del campanile / che ha messo radici nel cielo veneziano: / frutti che cadono senza toccare / il suolo. Se esiste un'altra vita / lì qualcuno si occupa della raccolta di queste cose», scriveva Brodskij, e mi veniva da dire che era vero, se esisteva un'altra vita, eran quelle, le cose da raccogliere, ma in questa vita, mettere a bilancio queste cose era un po' difficile, secondo me, non sarebbe stato meglio dire che Parma, per esempio, era di tutti? Che l'acqua, era di tutti? Che la cultura, era di tutti? Non si sarebbe capito meglio? Non sarebbe stato più bello, più comprensibile, più sensato?

Anche se la Parma che conoscevo io, quella dove ho abitato io quando ero un ragazzo, a pensarci, era la Parma del secolo scorso.

E Parma era un posto che io, quando sono venuto via, nel 1999, che sono venuto a stare prima a Bologna e poi a Casalecchio di Reno, dove abito adesso, a me non sembrava vero, che dopo una settimana sarei andato a stare a Bologna non avrei abitato più a Parma.

Che io, l'ho anche già scritta questa cosa, io era da quando ero nato che se non ero all'estero ero a Parma. A Parma o in provincia di Parma.

Io era una vita che fin da piccolo in casa al mattino si trovava la «Gazzetta di Parma», che si leggeva la cronaca della città, la città di Parma, si sapeva tutto quello che era successo in città, a Parma. "Io non lo so, come farò, che sono abituato a vedermi intorno tutte queste cose di Parma", pensavo quattordici anni fa quando stavo per andar via da Parma. "Per dire, al mattino, di solito, io faccio colazione con il prosciutto di Parma. Secondo me mi mancheranno – pensavo, – queste cose di Parma. Il prosciutto di Parma, il formaggio di Parma, il parmigiano.

"Poi tutta la stampa di Parma, la 'Gazzetta di Parma', il 'Giornale di Parma', il 'Corriere di Parma', la 'Tribuna di Parma'. La 'Tribuna' non l'ho mai letta – pensavo, – non ha fatto in tempo ad aprire, è fallita subito immediatamente. E Tv Parma – pensavo – si vedrà a Bologna? E Radio Parma ci arriva, col ripetitore? Radio Parma mi mancherà – pensavo, – Radio Parma. Una volta su Radio Parma ho sentito un servizio, dicevano che avevan scoperto dei documenti antichissimi che dimostravano che l'università più antica del mondo non era, come si credeva erroneamente fino ad allora, Bologna o Parigi, no, era Parma. Mi mancherà, questa città. Magari ogni tanto ci torno – avevo pensato, – magari vengo a vedere una mostra. Che qui a Parma fan sempre delle mostre bellissime. Parma e il neoclassicismo. Parma e la rivoluzione francese. Parma e il liberty. Il futurismo a Parma", pensavo nel 1999 prima di venire a stare a Bologna o in provincia di Bologna che è dove sto adesso, e questa idea qua, che quelli di Parma concepiscano un universo, non so come dire, parmocentrico, è un'idea che è abbastanza diffusa, nel mondo, e devo dire che noi di Parma in questi ultimi anni abbiam fatto abbastanza per farla diffondere ancora di più, mi sembra a me, che negli ultimi quattordici anni, da quando son venuto via io, io ho l'impressione che a Parma sono successe un sacco di cose.

Ancora

A Genova, dopo, alla sera, il 18 novembre del 2012, ero andato allo stadio Marassi a vedere Sampdoria-Genoa che era un sacco di tempo, che non andavo a vedere una partita di calcio.

Ci andavo spesso da piccolo, andavo a vedere il Parma, ho preso tanto di quel freddo, allo stadio Tardini di Parma, che c'erano le sedute ancora di legno, tribune in tubi innocenti e assi di legno, che delle volte una scheggia di legno ti si infilava su per il culo, dei mali, pensarci adesso mi vien da chiedermi come mai ci andavo, non so; c'è da dire che mi piaceva molto la maglietta, del Parma, bianca con la croce nera, c'era solo il Parma, al mondo, con quella maglietta lì.

Anche la Sampdoria, mi piace molto anche la maglietta della Sampdoria, blu con due cerchi bianchi uno rosso e uno nero ci son solo loro, al mondo, con quella maglietta lì; mi piace anche la maglia del Genoa, solo che con la maglia del Genoa, solo in serie A in Italia, ci sono altre due squadre, con la maglia come il Genoa, il Cagliari e il Bologna, figuriamoci al mondo, quante ce ne sono, ma la cosa che volevo dire non era quella, era che andare allo stadio dopo tanto tempo che non ci andavo, io quando son stato lì mi son chiesto "Ma cosa ci faccio?".

Che lì, a guardare le cose senza essere dentro la bolla della passione, che io, è vero che mi piace la maglia della Sampdoria ma non è che son tifoso della Sampdoria, mi piace anche quella del Genoa, no, io più che le squadre, lì, il mio interesse lì era la gente, i cosiddetti tifosi, che però loro a guardarli, il 18 novembre del 2012, allo stadio Marassi, non eran mica contenti. Anche quando arrivavano, non avevan le facce di gente che andava, dico una parola grossa, a divertirsi, no. Avevan le facce di gente che eran preoccupati, che erano tesi, come se dovevan passare un esame, che poi era un esame che non lo davan neanche loro, come se assistevano a un esame che ci tenevan tantissimo che andava bene e non potevan fare niente, che hai voglia a studiare, interrogavano un altro, una cosa che il senso, a esser fuori lì dalla bolla della passione, a me il senso mi sfugge; che magari uno dice «Il senso è vincere», sì, ho capito, vincere, però, non so, io mi ricordo l'Italia, i mondiali, le due volte che ha vinto che io mi ricordo, la gente sopra le macchine, con le bandiere, con le facce pitturate di blu, o di tricolore, a gridare, a suonare il clacson, a bere, non so, io non l'ho mica mai tanto capito, che gusto c'è, a vincere, secondo me, oh, mi sbaglierò, ma quando perdi, che poi non perdi te, perdono loro, ma a te ti dispiace, che magari perdi quattro a zero, o cinque a uno, che nell'andare a casa guardi per terra e vedi tutte le foglie, tutte le crepe che ci son sull'asfalto, e ti vien da pensare a tutto quello che non va mica bene nella tua vita, a tutte le cose che ti eri ripromesso che le facevi e poi non le hai fatte, tutto il freddo che hai preso, ecco secondo me, quei momenti lì, che te ti chiedi "Ma che vita sto facendo?", ecco secondo me son momenti che a me mi piaccion di più di quando sei in centro, imbottigliato sopra una macchina, che canti l'inno nazionale con una bandiera in mano e la faccia dipinta di blu, o di tricolore, o di biancocrociato, o di blucerchiato, o di rossoblu, o di qualsiasi altro colore.

Non so.

Forse un motivo per cui andavo allo stadio Tardini quando ero piccolo erano anche i tifosi. Che una volta, i tifosi del Parma, erano a Pescara, se non ricordo male, e i tifosi del Pescara (l'ho anche già scritta, questa cosa), i tifosi del Pescara hanno fatto un coro che diceva: «Solo i prosciutti, avete solo i prosciutti, solo i prosciutti, avete solo i prosciutti».

E i tifosi del Parma hanno aspettato un attimo poi hanno fatto un coro che hanno risposto: «Anche i formaggi, abbiamo anche i formaggi, anche i formaggi, abbiamo anche i formaggi».

Ecco. Allora. Insomma.

Alle elementari, mi ricordo, mi dicevano sempre che non si comincian le frasi né con Ecco, né con Allora, né con Insomma. E, niente. Allora per quello, io, adesso, faccio così. Non perché pensi che sia bello, per un difetto del mio carattere. E anche tutte le polemiche con i parmigiani, e anche con i non parmigiani, anche quelle, non perché pensi che sia bello, per un difetto del mio carattere anche quelle.

Che io, non so, per esempio, mi ricordo una volta, l'ho anche già scritta questa cosa, una volta ero a Parma, in piazzale della Pace, e attaccato alla Pilotta, che è il palazzo ducale, c'era uno striscione grosso che pubblicizzava una mostra di Alfredo Vicini e riportava una frase, di Alfredo Vicini, che diceva: «L'importante è essere vissuti invano» e a me era sembrata così bella, e così interessante, e così parmigiana, quella frase lì, che avevo pensato che andavo a vederla, quella mostra, solo che poi avevo letto bene, c'era scritto, su quello striscione: «L'importante è non essere vissuti invano». Allora la frase mi era sembrata meno bella, e meno interessante, e meno parmigiana, e alla mostra non c'ero andato ero andato a casa.

Anche se in fondo, non so, uno potrebbe pensare, per le cose che ho scritto, e per quelle che scriverò, che io, per esempio, non sopporto la «Gazzetta di Parma», invece no.

Io, per esempio, ultimamente, subito dopo le elezioni politiche del 2013, un gentilissimo giornalista della «Gazzetta di Parma» mi ha fatto la seguente domanda: «Se prendessimo come riferimento le avanguardie artistiche, quale immagine dell'Italia viene fuori dalle elezioni: un enigma metafisico, la scomposizione cubista, le accelerazioni del futurismo?».

E io, devo dire, gli ho dato la seguente risposta: «Mi viene in mente quello che succedeva un secolo fa in Russia, qualche anno prima della rivoluzione. Era un periodo, l'inizio del secolo scorso, che un po' in tutto il mondo la gente aveva perso la bussola, se così si può dire, e in questo generale scombussolamento c'entrava probabilmente anche il fatto che con la scoperta delle geometrie non euclidee era stata messa in discussione un'opera sulla quale, in occidente, si fondava la cosmografia, il disegno del mondo, *Gli elementi* di Euclide, e pochi anni dopo, con i lavori di Minkowski e di Einstein, era stata messa in discussione anche l'idea newtoniana di tempo; non si sapeva più cos'erano spazio e tempo, vale a dire che non si sapeva più niente, non si era più sicuri di niente, e una delle conseguenze era il fatto che la gente si immaginava di tutto, si inventava di tutto, e la cosa era evidente anche in poesia: simbolisti, acmeisti, chiaristi, adamiti, imaginisti, gilejani, futuristi, egofuturisti, cubofuturisti, poeti contadini, mezzaninisti, raggisti, realisti, centrifughisti, costruttivisti, serapionisti, espressionisti, impressionisti, biocosmici, luministi, form-libristi, neoclassicisti, emozionalisti, fuisti, quarantunisti, nullisti, tuttisti, c'era di tutto, e questo momento politico – avevo detto, – con le liste che si sono presentate alle recenti elezioni, Partito democratico, Rivoluzione civile, Moderati in rivoluzione, Scelta civica, Io amo l'Italia, MoVimento 5 stelle, Casa Pound, Amnistia giustizia e libertà, Popolo della libertà, Sinistra e libertà, Futuro e libertà, Liberi per una Italia equa, Lega Nord, Grande Sud, Indipendenza veneta, Io non voto, Südtiroler Volkspartei, Unione di centro, Fare per fermare il declino, Forza nuova, Partito comunista dei lavoratori, La destra, Casapound Italia, Fiamma tricolore, Partito di alternativa comunista, Tutti insieme per l'Italia, Staminali d'Italia, I pirati,

Democrazia atea (che, alla Camera, l'hanno votata in 556), ecco, non so come mai, ma questi due elenchi mi sembrano rimandare a due situazioni in qualche modo simili tra loro».

Sempre a proposito

Il problema, per uno di Parma, a scrivere di Parma, è che ha talmente tante cose da dire, di Parma, che non sa da dove cominciare.

Come avere delle braghe troppo larghe, che a Parma, quando uno va in giro con le braghe che gli stan larghe, gli dicono: «O comprär dal cul, o vénder dil bräghi» (O comperare del culo, o vendere delle braghe) e io, a scrivere questo libro su Parma ho talmente di quelle cose da scrivere che non so come fare devo fare così, o comprär dal cul, o vénder dil bräghi.

C'è una bambina di otto anni che ha l'avventura di esser mia figlia e che chiameremo convenzionalmente la Battaglia che una volta, sempre a proposito di Genova, stavo cantandole *Genova per noi*, cantavo per farla addormentare, era un po' che cantavo, pensavo ormai che dormisse invece si è voltata, mi ha guardato, mi ha detto «Scusa, mi ero addormentata».

Non so, per esempio, la lingua.

Io adesso, quando mi chiedono il mestiere che faccio, io rispondo che di mestiere io scrivo dei libri, che è una cosa che è vera, mi viene da dire, e scrivendo dei libri il materiale con cui ho a che fare è la lingua che uso, nei libri che scrivo, che è una lingua un po' strana, mi viene da dire, per esempio, non so, una delle prime cose che ho scritto, ho fatto parlare una mucca di Medesano (provincia di Parma) che diceva così:

Cioè, pascolare, si gode.
Pascolare... fichi, si sta bene.
Oggi pascoliamo.
Quando ci mungono, fichi, un fastidio.
Cioè, cian delle mani tutte ruvide, fichi.
Mettetevi i guanti.
Di lana no, pizzica.
Di cotone.
Di lattice.
Ah ah ah!
Comunque, questa mandria si gode abbastanza.
Cioè, son tutte mucche abbastanza simpatiche.
L'anno scorso, fichi, ce n'erano due straniere, bianche e nere.
Fiiiga, se la tiravano.
Tutte loro, io qui, io là.
Poi le han portate in fiera.

Non son più tornate.
Goduto da Dio.
Comunque trifoglio, mi piace.
Trifoglio, fichi, si gode.
Io, mi piace andar fuori senza vitelli.
Pascolare senza vitelli, si gode.
Vitelli son sempre dietro muggire.
Che due maroni.
Io, se era per me, fichi, niente vitelli.
Io, solo sesso sicuro.
Eh sì, te lo scordi.
Che poi mi tocca star dietro ai vitelli.
Che perdo la mia indipendenza.
Se', co' dit, vè?
No no no no no no no no no no no no no.
Se non ti sta bene, rangiati.
Ciao.

Ecco.

Questo succedeva quando ho cominciato a scrivere, nel 1996, circa. Dopo, quest'anno, 2013, mi sono accorto che ci son delle parole, come felicità, che faccio fatica a pronunciarle. E ci son delle interiezioni, come maledizione, che credo di non averle mai dette nella mia vita. E ci son delle altre parole, come dannatamente, che mi sembran d'uno strano. E ci son certe malattie, come lo stress, che, a me, io non lo so, se esiste, lo stress.

E, a pensarci, mi è venuto in mente adesso, io credo che la mia diffidenza verso queste parole e espressioni forse dipende dal fatto che, in dialetto, non esistono mica. Come se io, come mia nonna, la mia lingua madre non fosse l'italiano.

Ma forse mi sbaglio.

Ma però

Questo capitolo si può anche saltare, se uno vuole, è un capitolo teorico che non dice tanto, son tutte cose campate un po' per aria (alcune delle quali, tra l'altro, già scritte) e forse, dopotutto, valgono anche poco.

Solo che forse, non so, ho come il dubbio che, dovendo scrivere una specie di saggio dove si dovrebbe parlar di politica, potrebbe valer la pena provare a spiegare per bene come mai, secondo quello che scrive, che sono poi io, politica voglia anche dir delle cose che, normalmente, noi non le associamo, alla politica.

Una cosa che ho sentito ripetere spesso, prima di elezioni di qualsiasi grado, comunali, regionali, nazionali e adesso anche primarie, è che se non ti occupi di politica, la politica si occupa di te.

Lo dicono principalmente i politici, e non lo dicono sempre, lo dicono nel momento in cui hanno bisogno di qualcuno che li vada a votare, mi sembra, e mi sembra che lo dicano tutti, anche quelli che, di se stessi, dicono di essere nuovi, come Matteo Renzi o Giuseppe Piero Grillo («Giuseppe Piero Grillo, better known as Beppe Grillo, was born on 21 July 1948; he is a comedian, actor, blogger and italian activist. He has been involved in politics since 2009 as leader of the Five Star Movement», dice la sua voce su Wikipedia).

Ecco a me, quando sento dire così, torna in mente una cosa che ho sentito dire, l'estate scorsa, da Carlo Petrini («Carlo Petrini was born on 22 June 1949 in the province of Cuneo, in the comune of Bra in Italy; he is the founder of the International Slow Food Movement», dice la sua voce su Wikipedia).

Petrini, a Bologna, l'estate scorsa, ha detto due cose che mi sono rimaste impresse; la prima, che noi viviamo in un mondo dove si spende più per dimagrire che per mangiare e che lui, se avesse dovuto spiegarlo a suo nonno, un mondo così, avrebbe fatto fatica; l'altra, che quello che uno decide di mettere dentro il suo piatto è una scelta politica e io, quando ho sentito Petrini dire così, ho pensato che era vero, e che non ci avevo mai pensato, e poi ho pensato che anche il modo in cui uno decide di parlare, o di scrivere, è una scelta politica, e che anche il modo in cui uno decide di vestirsi, è una scelta politica, e che anche l'attenzione che uno decide di avere quando parla coi suoi famigliari, con sua mamma, o con sua figlia, è una scelta politica, e che anche il grado di gentilezza che uno è disposto a concedere agli altri, è una scelta politica, e che il fatto che partecipare alla vita politica si possa soltanto con la delega ad altri, nel momento in cui si vota, questa idea che occuparsi di politica voglia dire necessariamente andare a votare, a me, se devo dire quello che mi sembra, mi sembra proprio un po' una coglionata, e in questo sono d'accordo, credo, con il MoVimento 5 stelle, che anche loro mi sembra che dicano che la delega data con il voto va messa in discussione, solo che io, nella mia testa, mi vien da dare ragione agli anarchici che dicono «Non delegate, non andate a votare»; quelli del MoVimento 5 stelle, invece, mi sembra che dicano «Non delegate, votate per noi», che è un discorso che non lo capisco benissimo e forse son io. Ma però.

Ma però non andava bene, quando si andava a scuola. Che, a pensarci, finire la scuola, una soddisfazione che hai, è che dopo puoi dire quello che vuoi. Anche se c'è della gente che sembra che sia condannata tutta la vita a vivere come se fosse a scuola; come se il mondo fosse un'enorme caserma a forma di scuola dove c'è un modo giusto, di fare le cose, e un modo sbagliato, dove le frasi si possono cominciare solo come dicono loro, i grammatici, che non si sa dove vivano, ma da qualche parte vivono, e comandano loro, un po' come il telegiornale, o, a Parma, la «Gazzetta di Parma». «L'han detto i grammatici», così come «L'ha detto il telegiornale», e così come, a Parma, «L'ha detto la "Gazzetta di Parma"», e così come, oggi, «L'ha detto Wikipedia», che, tra l'altro, apro una parentesi, mentre stavo scrivendo questo libretto io ho fatto un incidente, nel mese di marzo del 2013, il 23, più esattamente, e quando stavo finendo di scriverlo, questo libretto, nel mese di luglio del 2013, mi sono accorto che il mio profilo di Wikipedia finiva così: «Il 24 marzo del 2013 è investito da una moto presso Casalecchio di Reno (dove risiede) e viene ricoverato in gravi condizioni all'ospedale Maggiore di Bologna», che, essendo la fine del profilo, uno che lo avesse letto nel luglio del 2013, come me, poteva pensare che io fossi ancora ricoverato in gravi condizioni all'ospedale Maggiore di Bologna, lo diceva Wikipedia, chiusa la parentesi.

Allora dicevo che i grammatici, io, che non faccio testo, per carità, però sono io, e siccome questo libro lo scrivo io mi sembra giusto dire quel che penso io, e io, dicevo, che, come ho già detto, di mestiere scrivo dei libri, ho l'impressione di aver cominciato a scrivere davvero quando ho accettato di far entrare nei libri che scrivo le parole che sentivo per strada, la grammatica dell'uso, non la grammatica dei grammatici, un italiano fatto di suoni, non un italiano italiano che fosse un esempio di stile, l'italiano concreto che si parlava intorno a casa mia che ci è andato a finir dopo un po', nelle cose che scrivo, e non è stato facile, non è stato immediato e un po' è forse dipeso anche dal fatto che io, come studi, ho studiato lingua e letteratura russa e studiando, come succede, mi son venuti da fare dei paragoni.

E una volta, l'ho anche già scritta questa cosa, intorno al 2010, ero a presentare un libro in Toscana, avevo parlato di come sono diversi il russo e l'italiano, e del fatto che i primi versi dell'*Evgenij Onegin*, il romanzo in versi di Puškin, scritto ai primi dell'ottocento, «Moj djadja, samych čestnych pravil, / kogda ne v šutku zanemog, / on uvažat' sebja zastavil / i lučše vydumat' ne mog» (Di principi onestissimi, mio zio, / or che giace ammalato per davvero, / fa sì che lo rispetti anch'io; / e non poteva aver miglior pensiero), del fatto che questi versi qua, in Russia, li capiscono anche i bambini, invece, per dire, «Ei fu, siccome immobile, / dato il mortal sospiro, / stette la spoglia immemore, / orba di tanto spiro» se lo dici a un bambino italiano chissà cosa capisce, adesso quando torno a

Bologna voglio provare, avevo detto quella volta lì. Dopo mi ero scordato.

Mia nonna, aveva fatto la seconda elementare, in casa parlavan dialetto, con l'italiano lei non aveva un rapporto, non so come dire, sereno, non lo sapeva benissimo, non era la sua lingua madre, faceva degli errori, per esempio il boiler lo chiamava bolide, oppure usava delle espressioni per esempio diceva è passata un'ambulanza a sirene spietate, oppure al pomeriggio, quando io mi lamentavo che avevo fame, lei mi diceva «Vuoi il pane con la mela?» e io le dicevo «Sì», e mi sembrava bellissima, l'idea del pane con la mela, e mi mettevo lì ad aspettare questo panino con le mele, "Come sarà? – mi chiedevo, – le taglia sottili, le mele, o ci son proprio le fette?", e dopo lei arrivava e mi aveva portato un panino col miele. Che io ci restavo malissimo che non mi piaceva, da piccolo, il miele, e la cosa incredibile è che la volta dopo uguale, «Vuoi il pane con la mela?», «Sì», e mi mettevo a pensare "Come le taglia?", e poi arrivava, il pane col miele ci restavo malissimo.

Dopo un'altra volta, ero in giro a presentare un libro, avevo parlato ancora di come erano diversi il russo e l'italiano, e del fatto che i primi versi dell'*Onegin*, «Di principi onestissimi, mio zio, / or che giace ammalato per davvero, / fa sì che lo rispetti anch'io; / e non poteva aver miglior pensiero», del fatto che questi versi qua in Russia li capiscono anche i bambini, invece, per dire, «Ei fu, siccome immobile, / dato il mortal sospiro, / stette la spoglia immemore, / orba di tanto spiro» se lo dici a un bambino italiano chissà cosa capisce, adesso quando torno a Bologna voglio provare, avevo detto quell'altra volta lì. Dopo mi ero scordato.

C'è quella bambina di otto anni che ha l'avventura di esser mia figlia e che chiameremo convenzionalmente la Battaglia che una volta, dormiva a casa mia, «Ho mal di pancia – mi ha detto, – non avresti delle patatine?».

«Patatine con il mal di pancia?», le ho detto io.

«Sono l'unica cosa che me lo fa passare», mi ha detto lei.

Un'altra volta, aveva appena scoperto che in sardo Arrivederci si dice Asibiri, io e la Battaglia al telefono non facevamo altro che dirci «Asibiri, asibiri».

Un'altra volta ancora, ero in giro a presentare un libro, avevo parlato di come sono diversi il russo e l'italiano, e del fatto che i primi versi dell'*Onegin*, «Di principi onestissimi, mio zio, / or che giace ammalato per davvero, / fa sì che lo rispetti anch'io; / e non poteva aver miglior pensiero», del fatto che questi versi qua in Russia li capiscono anche i bambini, invece, per dire, «Ei fu, siccome immobile, / dato il mortal sospiro, / stette la spoglia immemore, / orba di tanto spiro» se lo dici a un bambino italiano chissà cosa capisce, adesso quando torno a Bologna voglio proprio provare, avevo detto quella volta lì. Allora poi ero tornato a casa, avevo preso la Battaglia le avevo detto «Ascolta, adesso ti dico una cosa e tu mi dici quello che capisci».

«Va bene», mi aveva detto lei.

E io le avevo detto «Ei fu, siccome immobile, dato il mortal sospiro, stette la spoglia immemore, orba di tanto spiro», e poi le avevo chiesto «Cos'hai capito?».

E lei ci aveva pensato un po' e poi mi aveva detto «Che lui gioca con il memory in piedi immobile respirando».

Ecco.

Non è che voglio dar la colpa a Manzoni, non è colpa di Manzoni, il fatto è che Manzoni, e quelli che scrivevano in italiano nell'ottocento, non avevano lo strumento, per farsi capire; Settembrini, nel 1870, finiva le sue lezioni sulla letteratura italiana augurandosi che l'italiano sarebbe diventata una lingua viva. Questo significa, dice De Mauro, che l'italiano allora era una lingua morta, nel 1870, nove anni dopo l'unità d'Italia.

Ma come mai l'italiano era una lingua morta e il russo invece era una lingua viva?

Il fatto è che il russo, la lingua di Puškin, è prima una lingua parlata, e poi una lingua scritta, i russi fino al nono secolo non hanno nemmeno l'alfabeto, e quindi quando i russi scrivono, adesso semplifico ma un po' è così, scrivono usando una lingua che tutti i russi parlano e che conoscono tutti, invece gli italiani che si mettono a scrivere, nel 1861, scrivono in una lingua che, secondo le stime di De Mauro, conosceva il 2 e mezzo per cento degli italiani. Questo vuol dire che il 97 e mezzo per cento degli italiani non sapevano l'italiano e per i loro discendenti, ivi compresa mia nonna, e i nostri nonni, e i nostri padri, la lingua madre, la lingua che parlavano in casa, non era l'italiano, era il dialetto, e l'italiano, per loro, era la lingua della scuola, che imparavano a scuola, che imparavan sui libri, e questa differenza tra la lingua che leggiamo nei libri e la lingua che parliam tutti i giorni è una differenza che ce la portiamo dietro fino ad oggi, anche se non è evidente, perché a noi ci sembra naturalissimo che dentro nei libri ci siano scritte delle cose diverse da quelle che sono dette per strada, e invece non è naturale per niente, e è una cosa che succede anche a della gente bravissima, che quando scrive in italiano mette su tutta una prosopopea.

Pochi anni fa, per esempio, è uscito un libro, per la collana bianca di Einaudi, in cui sono raccolte le poesie di Nino Pedretti, poesie nel dialetto di Santarcangelo di Romagna.

È un poeta che mi piace moltissimo, Pedretti, ma che leggo in pubblico raramente proprio per via delle traduzioni, perché la traduzione delle sue poesie, raccolte in questo libro che si intitola *Al vòuṣi*, è fatta in un modo che io non lo so. Per esempio ce n'è una che si intitola *L'orgasmo* che è stata scritta credo negli anni settanta e dove l'io narrante, la voce che parla nella poesia, è una donna di settant'anni che si lamenta che quando era giovane lei di queste cose qui, dell'orgasmo, della liberazione sessuale, non ne parlava nessuno, e la poesia inizia con un verso che più o meno fa così: «Adès i cièva tótt», che si potrebbe tradurre «Adesso chiavano tutti», o «Adesso scopano tutti», o «Adesso guzzano tutti», o «Adesso fiondano tutti» eccetera eccetera.

Be', quella poesia lì, nell'edizione Einaudi delle poesie di Pedretti, è tradotta così: «Adesso tutti fanno sesso».

Che (l'ho anche già scritta questa cosa), a parte il fatto che è un'altra cosa, che far sesso e fiondare, cioè fiondare è proprio una pratica precisa, con delle, lasciamo perdere, ma a parte quello, l'espressione fare sesso, detta all'inizio degli anni settanta da una signora settantenne che quindi era nata all'inizio del secolo scorso, non lo so, magari mi sbaglio, ma a me mi sembra che una signora così a fare sesso non ci ha mai neanche pensato. Stasera forse facciamo sesso è una frase che dentro le teste, in Italia, nel 1970, non la pensava nessuno, figuriamoci le signore di settant'anni.

Pedretti era amico di Raffaello Baldini, altro grande poeta, erano tutti e due di Santarcangelo, e Baldini raccontava che Pedretti di solito non parlava in dialetto, ma in italiano, in casa parlava italiano, e il dialetto era una lingua che aveva imparato per strada, e i suoi primi versi in dialetto non li pubblicava neanche, anzi uno l'aveva regalato a Baldini.

«Ricordo – scrive Baldini – che a un certo momento Nino cominciò a dirci, a dire a me e a Lina, mia moglie, due versi in dialetto, due endecasillabi, campati in aria, fuori da ogni contesto, due versi che aveva acchiappato al volo, che gli erano fioriti dentro gratuitamente. Ce li diceva e ce li ripeteva, con autoironia, divertendosi e divertendoci. Il primo di questi versi era: "Mè, s'i m déss da capè, andrébb a lèt" (Io, se mi dessero da scegliere, andrei a letto), il secondo era: "Me l'è trent'ann ch'a chégh cumé un arlòzz" (Io sono trent'anni che cago come un orologio). Dopo un po' – scrive Baldini, – un giorno chiesi a Nino:

“Questo verso, ‘Me l’è trent’ann ch’a chégh cumé un arlòzz’, non me lo regaleresti?”. E lui rispose: “Sì, sì, prendilo pure”. Io lo presi e buttai giù una prima versione di quello che sarebbe diventato un pezzo intitolato *Cuntantèrs* (Contentarsi).»

Questo pezzo di Baldini, *Cuntantèrs*, comincia così:

> Io sono trent’anni che cago come un orologio, / sarà che porto sempre la pancera, / e d’estate e d’inverno le mutande lunghe, / anche perché la notte devo alzarmi / tre o quattro volte per andare a fare un goccio d’acqua. // Sul mangiare sto attento e poi non ci tengo. / Un brodo, un po’ di vitello e due spinaci, / una fetta di stracchino, ma appena un segno, / mezza pera, un grissino, un bicchier d’acqua, e sono a posto. / Il maiale mi fa schifo, / sono anni e anni che non ho mangiato un cicciolo, / nel prosciutto non ci do, il vino ne bevo / due dita nell’acqua perché mi fa venire l’acidità, / al pesce, sogliole, triglie, calamaretti, / non ci faccio molto, le tagliatelle mi fanno il nodo. – E poi è tutta roba / che riscalda troppo, e io, con buon rispetto, / se non sto attento, già che soffro di emorroidi, [...] mi si fa un cerchio alla fronte che mi si annebbia / anche la vista. Allora prendo su / e faccio delle gran camminate, / alla stazione e poi ai Cappuccini, / e d’estate, per il fresco, sono capace / d’arrivare fin sotto Spinalbeto. / E non posso dire neanche che sia per le sigarette, / fumare, non fumo più dal novecentoquarantuno, / l’unico vizio sono due tre caramelle / di rabarbaro al

giorno, con quell'amarognolo / che mi piace, e poi fanno bene, e ogni tanto / bevo una cedrata, ma però / che non sia ghiacciata. – No, è come si è fatti, / io si vede che ho la testa fatta male. / Che sia per quello che non mi sono mai sposato?

E poi continua.

Be', adesso, per finire con Pedretti, che la sto tirando un po' alla lunga, una volta, alle riunioni di una rivista che facevamo a Reggio Emilia è venuto a trovarci il traduttore di Baldini, Giuseppe Bellosi, che è anche un poeta e è anche uno dei più grandi conoscitori della poesia romagnola contemporanea, e, con il mio amico Daniele Benati, gli abbiamo detto questa cosa di «Adès i cièva tótt» che i curatori l'avevano fatto diventare, in traduzione, «Adesso tutti fanno sesso», e lui ci ha detto che secondo lui, quella traduzione lì, l'aveva fatta Pedretti, che Pedretti era uno che in italiano non scriveva così dritto come in dialetto, e noi gli abbiam detto che secondo noi era difficile, che fare sesso era un'espressione dell'italiano contemporaneo che negli anni settanta non la usava nessuno, e lui aveva detto che ci andava a vedere e c'era andato a vedere e poi ci aveva scritto e ci aveva detto che avevamo ragione, che non era Pedretti, che aveva tradotto «Adès i cièva tótt» con «Adesso tutti fanno sesso», che lui l'aveva tradotto in un altro modo, vale a dire così: «Adesso c'è libertà di coito».

Adesso c'è libertà di coito.

Cosa gli è saltato in mente?

Ecco, secondo me, gli è saltato in mente di tradurla nella lingua dei libri stampati, perché l'italiano era la lingua dei libri stampati e mia nonna, quando sentiva un discorso in italiano che non capiva bene, perché c'era una sintassi magari complessa o delle parole che non conosceva, di quello lì che aveva fatto il discorso diceva che parlava come un libro stampato, e adesso, a me dispiace, che nell'introduzione al libro degli storici anglofoni Derek Beales e Eugenio F. Biagini *Il Risorgimento e l'unificazione dell'Italia* ci sia scritto che «L'italiano sembra spesso una lingua particolarmente adatta alla retorica», perché da un lato è vero, ma da un altro lato, l'italiano che parlavano al bar Riviera, per esempio, un bar della periferia di Parma dove ho passato la mia giovinezza, e dove la frase che si sentiva dire più spesso era «Cat vena 'n cancor», ecco quell'italiano lì, che poi era dialetto, ma ci siamo capiti, e si può tradurre anche in italiano «Che ti venga un canchero», ecco, a me non mi sembra mica tanto retorico, l'italiano del bar Riviera, solo che quelle forme italiane lì, quei discorsi lì non retorici che sentiamo fare continuamente per strada, per una qualche ragione non entran nei libri stampati, e allora, chi magari abita in Inghilterra e l'Italia la studia attraverso i libri stampati, si fa magari l'idea che l'italiano sia «spesso una lingua particolarmente adatta alla retorica», sarà bello l'inglese, sarà. Ma è meglio non arrabbiarsi. L'unica cosa, mi viene da chiedermi come avrebbe tradotto, Pedretti, «Me l'è trent'ann ch'a chégh cumé un arlòzz». Non so. Forse l'avrebbe tradotto «Io da sei lustri vado di corpo con una precisione elvetica». Forse. Ma queste son cose, chi è che può dirlo?

Ecco.

Allora cosa volevo dire?

Allora volevo dire due cose: la prima, che c'è un'altra cosa che si dice sempre quando si parla di politica, la differenza tra i politici e gli statisti, che io, però, a dire il vero, non l'ho mica mai capita, neanche quando l'ha spiegata il sindaco di Parma, che nel febbraio del 2013, il sindaco di Parma, alla fine di un intervento in cui polemizzava con chi l'aveva criticato per aver eliminato, dopo aver detto in campagna elettorale che non andava toccato, il cosiddetto Quoziente Parma, cioè un calcolo che calmierava le rette delle scuole materne e degli asili nido, cioè faceva sì che a Parma chi aveva, per esempio, più figli, pagasse meno che negli altri capoluoghi emiliani, il sindaco di Parma, dicevo, alla fine di un intervento in cui polemizzava con chi l'aveva criticato, ha scritto: «Chiudo con una citazione: "Un politico guarda alle prossime elezioni. Uno statista guarda alla prossima generazione"».

Che io, a parte il fatto che, se guardare alla prossima generazione significava aumentare le rette delle scuole materne e degli asili nido dopo aver detto in campagna elettorale che non si sarebbero aumentate, io credo che le prossime generazioni, se potessero scegliere, preferirebbero non essere guardate, ma a parte quello, la cosa che mi ha colpito è il fatto che il sindaco di Parma, che era un esponente di un movimento, il MoVimento 5 stelle, che loro di se stessi dicevano che erano cittadini prestati alla politica, tutto d'un tratto, una volta che era diventato sindaco, questo sindaco di Parma si era ritrovato che era uno statista.

Che lì, a parte che gli statisti sono quelli che reggono gli stati, e non i comuni, quelli che reggono un comune, come il sindaco, dovrebbero essere semmai comunisti, e quelli che reggono la provincia provincisti, e quelli che reggono la regione regionisti, e quelli che reggono le frazioni frazionisti, e quelli che reggono i quartieri quartieristi e così via, ma, a parte quello, la notizia che ci dava con questa sua dichiarazione, il sindaco di Parma, Federico Pizzarotti, che fino a pochi mesi prima era un semplice cittadino rappresentante del MoVimento 5 stelle che il loro slogan era «Uno vale uno», ecco lui ci diceva, di sfuggita, con un understatement e un'umiltà apprezzabilissime, lui ci diceva che in quei pochi mesi, da quando era stato eletto sindaco di Parma, a un certo momento lui si era trasformato in uno statista. Che a me mi sarebbe venuto da chiedergli «Ma è successo all'improvviso, o poco per volta, prima una gamba, poi un braccio, e è durato molto? E è stato come Kafka, lì, quell'insetto lì che sono degli anni che tutti ci chiediamo "Ma cos'era?". Che sia stato uno statista anche lui?». Avevo questi dubbi che da quando avevo letto quella dichiarazione lì non facevo altro che pensarci, mi sarebbe piaciuto molto che il sindaco di Parma mi avesse parlato un po' di questa sua metamorfosi, mi immaginavo che sarebbe stata anche una cosa che avrebbe potuto interessare le folle di semplici cittadini, anche e soprattutto di rappresentanti del MoVimento 5 stelle che credevo fossero molto interessati a capire cosa li aspettava nel prosieguo della loro attività politica, ma avevo paura che il sindaco di Parma, così impegnato, com'era, a guardare alle generazioni future, non avesse il tempo di dare un'occhiata qua in basso a noi, poveri, confusi, semplici contemporanei, e poi, c'è da dire, nel febbraio del 2013 oramai era un periodo che io con il sindaco di Parma non ci volevo più parlare, e questa era la prima cosa.

La seconda cosa era che avevo pensato che esser nato a Parma, nel ventesimo secolo, aveva delle conseguenze, secondo me, e adesso non dico che fosse una fortuna, ma poteva andar peggio. Pensa per esempio se uno nasceva negli Stati Uniti d'America, pensa che responsabilità.

La rivoluzione

Ci son delle mattine, delle volte, in Emilia, che c'è un'aria così limpida che ti sembra che il mondo non finisca mai, e in una mattina del genere del mese di febbraio del 2013, una mattina che ero in giro per Parma per raccogliere materiale per questo libro, mi era suonato il telefono e avevo risposto e era la redazione del quotidiano «Il Foglio quotidiano» che mi chiedeva di scrivere sedicimila caratteri su un politico italiano che non nominiamo.

Ero proprio sotto una statua che c'è in centro a Parma, la statua di uno che veder come è messo sembra che sia stato colpito alle spalle da un colpo d'arma da fuoco, è lì con la testa all'indietro, le mani allargate che artigliano il niente, è una statua che tutti quelli che vengono a Parma che la vedono si chiedon chi sia, è Filippo Corridoni, ma a Parma, da sempre, lo chiamano l'inculato, ero lì sotto l'inculato e al redattore del quotidiano «Il

Foglio quotidiano» che mi aveva chiesto di scrivere sedicimila caratteri su un politico italiano che non nominiamo io avevo risposto che ci avrei provato ma dentro di me intanto pensavo che io, di un politico italiano che non nominiamo, scriverne sedicimila caratteri, che per chi non si occupa di queste cose sono circa dieci pagine di un libro, cioè l'equivalente di un capitolo, io non sapevo come fare, a scrivere un capitolo su quel politico italiano che non nominiamo.

Che quel politico italiano che non nominiamo, che era ormai una trentina d'anni che era un personaggio pubblico, io erano perlomeno una ventina d'anni che cercavo, se potevo, di non nominarlo.

Io, pensavo nel mese di febbraio del 2013 a Parma, che dal 1999 avevo pubblicato venticinque libri circa, in questi venticinque libri circa credevo che solo una volta, fosse comparso il nome di quel politico italiano che non nominiamo, e era comparso in un romanzo pubblicato nel 2008 da Feltrinelli e intitolato *Mi compro una Gilera* (dal finale del celebre proverbio parmigiano «Putost che tor mojera, am compor na Gilera»), in una parte del romanzo in cui parlavo dell'ultimo atto di un trasloco da Parma a Bologna (in buona parte di questi venticinque libri circa si parlava di traslochi che erano, prevalentemente, traslochi da Parma a Bologna o da Bologna a Parma).

Un mese fa alla stazione di Bologna, sei e mezza di mattina, corro per prendere il treno, nel sottopassaggio della stazione, uno che arriva di corsa giù dalle scale si rivolge a un altro che arriva in senso inverso, «Ma è vero che è morto quel politico italiano che non nominiamo?» gli chiede. «Sì – risponde l'altro, – è vero.» «Be' – dice quello, – meglio lui di me.»

Allora per me, quel giorno lì, il viaggio in treno e poi tutto il mattino, a chiudere l'appartamento a Parma, a pulire la cantina, a prendere giù le letture dei contatori, era morto quel politico italiano che non nominiamo. Tutti i pensieri "Chissà il suo medico, che diceva che campava fino a centoventi anni. Che figura". Dopo, verso l'una, quando son ritornato a Bologna, non ne parlava nessuno, "Forse non è mica vero", ho pensato. Ma per me, quelle quattro ore lì, è stato vero, dormire poco succedon delle cose, le veglie della ragione producono abbagli, mi era venuto da pensare, e adesso, avevo pensato, sarà una cosa che qualcuno magari l'ha anche già fatta, ma una storia degli abbagli, non sarebbe bella, da fare? Quando Chruščëv, di ritorno dagli Stati Uniti che gli eran piaciuti i pop corn, ha pensato di coltivare a granturco una vasta zona del territorio sovietico senza considerare che lì il granturco non ci cresceva, è seguito un anno di carestia. O quando Gorbacëv ha deciso di vietare gli alcolici in Russia che è stato l'inizio della fine dell'Unione Sovietica. O quando Paolo I ha deciso di vietare in tutto l'impero i cappelli tondi dopo due mesi l'hanno ammazzato. Non so, la storia degli abbagli, secondo me, delle teorie che si son rivelate tutte sballate, delle decisioni revocate poi subito immediatamente perché eran disastrose, forse qualcuno l'ha già fatta, se qualcuno l'ha già fatta ha fatto un bel lavoro, se non l'ha fatta nessuno quasi quasi la farei io, se avessi la competenza per farla, ho pensato, invece non ce l'ho. Io all'università, son laureato in lingue, non ho dato neanche un esame di storia. Piuttosto che mettere in piano di studio un esame di storia, ciò messo sette esami di filologia. Due romanze, due slave, due italiane e una germanica. Non lo so, come mai,

scrivevo dentro un romanzo che si intitolava *Mi compro una Gilera*, pensavo il mese di febbraio a Parma in via D'Azeglio intanto che mi mordevo le labbra e mi dicevo "Ecco, vedi".

Che questa nuova pratica di mordermi le labbra era una pratica recente che chissà da cosa dipendeva, io tendevo ad attribuirla ai miei ritardi, a tutti i miei ritardi e ai miei rimandi che mi mettevano in una condizione di scontentezza che era quella che mi serviva.

"Certo che dieci pagine su un politico italiano che non nominiamo, cosa ci scrivo?", avevo pensato passando davanti a Borgo Poi, di fianco alla chiesa dell'Annunziata, che nella piazzetta c'erano degli immigrati seduti sul muretto che prendevano il sole e uno era steso per terra e un altro, un suo amico si vede, gli carezzava la pancia, e avevano un modo così naturale, di prendere il sole lì nel centro di Parma, che era bello, guardarli. "Quel politico italiano che non nominiamo – avevo pensato, – cosa si può mai dire, di quel politico italiano che non nominiamo?"

E mi era venuta in mente una cosa che non c'entrava niente, un gruppo di scrittori che nel 2012 si sentivano tagliati fuori, poco considerati, e facevano delle riunioni che, tra le altre cose, dicevano che loro volevano incidere sulla realtà, che ne avevan parlato un po' tutti, e a me, in quel periodo lì, nell'anno 2012, tutti quelli che mi incontravano mi chiedevano «Ma te, c'eri anche te, tra quelli che vogliono incidere sulla realtà?», e io rispondevo «No, non mi han mica invitato».

Ecco, mi è venuto in mente nel febbraio del 2013 a Parma in strada Imbriani, quel politico italiano che non nominiamo, c'è da dire, è uno che, forse, lui, da un certo punto di vista, un po' ha inciso, sulla realtà.

Anche se quegli scrittori che si riunivano nel 2012 senza invitarmi, e che forse si riuniscono ancora, avevo pensato, loro non credo che avessero voluto incidere nel senso in cui aveva inciso quel politico italiano che non nominiamo, avevo pensato, e intanto che pensavo così avevo visto che dall'altra parte di strada Imbriani c'erano una ventina di persone che sembravano tutti degli immigrati, coi loro cappotti neri da immigrati, coi loro cappelli alti da immigrati, in fila per tre, che aspettavan di entrare dentro una porta che, guardavo l'insegna, era la mensa dei poveri, e, sarà stato il freddo, passavano da una gamba all'altra, sembravano vivi, sembrava una cosa che stava succedendo, e Parma, quel giorno, mi sembrava, la facevano succedere gli immigrati, come se Parma fosse una città di immigrati, i parmigiani tutti chiusi in casa a difendere i loro privilegi e gli immigrati fuori per strada a far succeder le cose, mi era sembrato nel febbraio del 2013 intanto che passavo davanti a un negozio che si chiamava Abissinian market e che davanti c'erano un signore anziano e una ragazza giovane di apparenti origini africane che parlavano tra loro in una lingua che io non capivo e a sentirli parlare mi dicevo, tra me, "Appunto".

E siccome ero diretto verso piazzale Picelli, mi veniva in mente quando, nel 1922, Parma era stata, così dicevano, l'unica città che aveva resistito, con successo, ai fascisti: i fascisti, guidati da Italo Balbo, durante la marcia su Roma avevan provato a conquistare Parma, ma quando avevan dovuto entrare nell'oltretorrente, il quartiere popolare di Parma, quello dove ero in quel momento lì, quello dove c'era la chiesa dell'Annunziata, e Borgo

Poi, e strada Imbriani, e piazzale Picelli, i fascisti guidati da Balbo avevano provato a passare il ponte sul torrente Parma ma erano stati respinti dalle barricate degli arditi del popolo, guidati da Guido Picelli; avevano perso, dicevano, erano stati respinti avevano rinunciato avevano continuato la loro marcia su Roma.

E più di dieci anni dopo, avevo pensato, quando ormai anche Parma era diventata fascista, e dopo che Balbo era diventato famoso per una trasvolata oceanica su un aeroplano, e in un'occasione che Balbo era tornato a Parma per fare un discorso o non so cosa, su un muro del lungoparma, visibilissima per tutti, era comparsa una grande scritta fatta con della vernice bianca che c'era scritto: «Balbo, t'è pasé l'Atlantic mo miga la Pärma», Balbo, hai passato l'Atlantico ma mica la Parma, che a Parma il torrente Parma lo chiaman la Parma, come se fosse una femmina.

Chissà se quello lì, quello che aveva fatto quella scritta, il giorno prima di farla si era riunito con i suoi amici di Parma avevano fatto un'assemblea che si erano detti «Siam tagliati fuori, i giornali non ci chiamano a collaborare con loro, son tutti fascisti, noi vogliamo incidere sulla realtà come facciamo?».

Allora si era alzato uno aveva detto «Sai cosa facciamo? Scriviamo sui muri».

E avevano inciso anche loro, sulla realtà, come quel politico italiano che non nominiamo, "E anche come Picelli", avevo pensato intanto che ero arrivato in piazzale Picelli e ero andato a vedere il busto di Picelli che era proprio così come mi avevano detto.

Che lì, in piazzale Picelli, la nuova giunta comunale, non so bene perché forse per popolare il quartiere avevan messo una pista per il pattinaggio ma grande, che teneva metà della piazza, e insieme alla pista di pattinaggio c'eran delle baracche di legno dove non so cosa facevano, si mettevano i pattini, forse, e il retro di una di queste baracche finiva proprio contro il busto di Picelli.

E Picelli, la faccia, guardava contro il retro di una baracca per togliersi le scarpe e mettersi i pattini, forse.

Allora la gente aveva protestato e il comune di Parma, un paio di assessori, avevano fatto un'ispezione, un bel mattino, e avevan deciso di fare così, di voltare il busto.

Avevan preso un cacciavite, avevan svitato il busto, l'avevan voltato, l'avevano riavvitato. Così adesso Picelli, che aveva organizzato gli arditi del popolo che nel 1922 avevan respinto i fascisti, guardava un angolo della piazza dove c'era uno di quei cassonetti gialli per raccogliere gli abiti usati, mi avevan detto, e io ero andato a controllare era vero.

E mi ero poi incamminato verso un ortolano che quando ero arrivato però avevo visto che l'ortolana stava uscendo entrava in una panetteria.

E nel suo negozio di ortolana non c'era rimasto nessuno e avevo aspettato tre minuti poi ero uscito ero entrato in panetteria e l'ortolana era lì che parlava col panettiere e, non ci si crede, stava dicendo «Altro che quel politico italiano che non nominiamo».

E io le avevo fatto un segno le avevo detto «Scusi, sa, avrei bisogno di due mele».

E lei mi aveva detto che arrivava subito, e io ero tornato nel suo negozio e dopo un minuto era tornata anche lei e avevo preso due mele renette e, quando avevo pagato, lei mi aveva detto «Mi scusi, sa, ma quando parliamo di una politica».

E era anche lei un'immigrata, probabilmente russa, che i russi non hanno gli articoli quando parlano in italiano non sanno mai se bisogna metterceli o no, avevo pensato intanto che uscivo su via D'Azeglio e mi incamminavo verso il parco ducale e pensavo che quel politico italiano che non nominiamo, che aveva inciso così tanto sulla realtà, secondo me allora, nel mese di febbraio del 2013, la cosa più clamorosa che avrebbe potuto fare, la cosa più incidente, se così si può dire, sarebbe stato abbracciare l'assenzialismo, sulle tracce del celebre scrittore e filosofo emiliano Learco Pignagnoli.

Che, come ha spiegato una volta lo scrittore Ugo Cornia, Pignagnoli è l'iniziatore riconosciuto dell'assenzialismo. «L'assenzialismo – ha detto Cornia – è un MoVimento (o, piuttosto, un movimento) che sceglie il non esserci come pratica. Perché il non esserci al posto dell'esserci? Il non esserci è la pratica quotidiana di mancare a qualsiasi evento, anche eventi minimi di una mattina qualunque, essere assenti il più possibile a se stessi, agli altri e alle cose. Se nel corso di qualsiasi evento, anche dei più banali, qualcuno chiede "C'è Pignagnoli?" la risposta inevitabile è "No, Pignagnoli non c'è", perché Pignagnoli non c'è mai. Pignagnoli è sempre assente. Ma l'abilità, il sentire con fiuto qualsiasi situazione come situazione in cui mancare, o essere assenti, assume in Pignagnoli il valore della profezia, cioè il fatto di non esserci già prima degli altri, che invece ci saranno ancora, il che in pratica si realizzava nel non esserci di Pignagnoli per esempio a cavallo degli anni cinquanta negli stessi luoghi in cui tutti non volevano più esserci negli anni novanta, ma nel cinquanta solo Pignagnoli era assente e mancava. Di conseguenza – dice Cornia, – sapere dove adesso non è Pignagnoli, conoscere la miriade di eventi presso i quali Pignagnoli non è già a partire da oggi o non è stato negli anni appena trascorsi, potrebbe mostrarci luoghi o eventi ai quali vorremmo mancare nel 2030, ma oggi, per una carenza di fiuto, tutti accorriamo anche senza bisogno di esser pagati» ha detto Ugo Cornia, pensavo in febbraio a Parma, solo che dopo pensavo che quel politico italiano, l'assenzialismo, non lo so, se gli piace.

E ero arrivato poi al parco ducale, mi ero seduto su una panchina, non mi stava venendo benissimo, nella mia testa, questo pezzo sul politico italiano che non nominiamo, mi sembrava di essere un po' come il triangolista di Parma che era andato a Verona per un'opera di Wagner. Che ci dev'essere un'opera di Wagner, l'ho anche già scritta questa cosa, pensavo nel parco ducale di Parma nel febbraio del 2013, ci dev'essere quest'opera di Wagner che dura tipo sei ore, come duran di solito le opere di Wagner, credo, ci dev'essere quest'opera che a un certo punto, dopo quattro ore e venti minuti di opera, è previsto un colpo di triangolo. E basta. Il triangolo in quell'opera lì deve fare solo quel colpo lì dopo quattro ore e venti minuti. Prima, niente; dopo, niente. Allora una volta per la messa in scena di quest'opera di Wagner all'arena di Verona avevan chiamato un triangolista di Parma che era partito col suo triangolo nella sua custodia di pelle, aveva preso la sua bicicletta, era andato in stazione, aveva preso il suo treno Parma-Verona, aveva preso un taxi, era andato all'arena, quando era stato all'arena era andato in camerino, si era messo lo smoking, era sceso nella buca dell'orchestra, che poi lì all'arena probabilmente di buche non ce n'è, ma non importa, aveva tirato fuori il suo triangolo dalla sua custodia, si era messo seduto, si era messo a aspettare che venisse il suo turno. E dopo quattro ore e venti minuti di opera, nel momento che toccava a lui dare il suo colpo di triangolo, si era distratto il suo colpo di triangolo non l'aveva dato. E niente, l'opera era andata avanti, era finita, lui aveva rimesso il suo triangolo nella sua custodia, si era alzato, era andato in camerino, si era cambiato, si era preso su, aveva preso il suo taxi, era andato in stazione, aveva ripreso il suo treno Verona-Parma, aveva ripreso la sua bicicletta, era andato a casa, e io, secondo me, che avevo quasi finito nella mia testa il mio pezzetto su quel politico che non nominiamo senza praticamente aver detto niente, di quel politico che non nominiamo, io più o meno ero messo nello stesso modo, avevo pensato in febbraio su una panchina nel parco ducale di Parma.

Che però di alternative, avevo pensato, io non ne avevo, perché quel politico italiano che non nominiamo, nonostante fossero trent'anni che io ne sentivo parlare, non l'avevo mai visto, non avevo mai sentito il suo odore, non sapevo che spazio occupava il suo corpo, non sapevo il modo in cui camminava, non avevo mai sentito la sua voce com'era davvero, non avevo mai letto niente che aveva scritto lui, forse, o se l'avevo letto non me lo ricordavo, o avevo poi il dubbio che non l'avesse scritto davvero lui, non avevo idea di come fosse in una scala uno a uno, per me quel politico italiano che non nominiamo era tutto nel sentito dire, poteva essere quasi chiunque, o, forse, nessuno, o, forse, se dovessi descrivere la mia relazione con quel politico italiano che non nominiamo, avevo pensato nel febbraio del 2013 al parco ducale, forse la descrizione migliore è quella con la quale lo scrittore russo Daniil Charms ha descritto un uomo rosso di capelli, anche se quel politico italiano che non nominiamo magari non è rosso, ma non è importante, dal momento che la descrizione di Charms fa così:

> C'era un uomo rosso di capelli, che non aveva occhi né orecchie. Non aveva nemmeno i capelli, tanto che lo dicevano rosso convenzionalmente. Parlare non poteva, dato che non aveva la bocca. Nemmeno il naso aveva. Non aveva neppure le mani e i piedi. E il ventre non aveva e la schiena non aveva e la spina dorsale non aveva, né aveva viscere di nessun tipo. Non c'era niente. Quindi non si capisce di chi si tratti. Meglio che di lui non parliamo più.

Mo mama

Alla fine dell'estate, i primi di settembre, per cinque anni, tra il 2006 e il 2010, son sempre andato in un paese della Sardegna che si chiama Seneghe a un festival di poesia che si chiama Cabudanne de sos poetas che, mi hanno detto, significa, in sardo, Settembre dei poeti.

Mi piaceva molto l'andiamo, che c'era al Settembre dei poeti e tutti gli anni, in quei tre giorni che mi fermavo per il festival, mi succedeva qualcosa di memorabile, per esempio è stato lì che mi sono accorto che ero diventato vecchio, che è una cosa che, cosa volete farci, a me piace, e mi piaceva molto, alla sera, quando tutti gli incontri con i poeti erano finiti, sedermi ai tavolini di un bar che si chiamava bar Centrale e parlare di quello che avevo visto oppure di cose che non avevo visto ma che mi giravano in testa e una sera, mi ricordo, con un filosofo sardo che si chiama Diego Zucca e che è un appassionato di palindromi, parlavamo della sua passione, i palindromi, che sono quelle parole o quelle frasi che si leggono nello stesso modo da destra a sinistra e da sinistra a destra come, la più celebre, resa celebre da un libro e da un film di successo, «I topi non avevano nipoti».

Io, avevo detto a Diego, quando avevo provato a far dei palindromi mi era uscito solo «Anna ama Bob», che non era neanche un palindromo perché, letto al contrario, non saltava fuori, come avrebbe dovuto, «Anna ama Bob», ma «Bob ama Anna», che era un'altra cosa, io non ero capace, di far dei palindromi, avevo detto a Diego, anche se avevo fatto la tesi su Velimir Chlebnikov, un poeta russo che aveva scritto molti versi palindromi, e mi piaceva molto un altro appassionato di palindromi, lo scrittore francese Georges Perec, che una volta aveva scritto, in un saggio che si intitola *L'infra-ordinario*:

> I giornali parlano di tutto tranne che del giornaliero. I giornali mi annoiano, non mi insegnano niente; quello che raccontano non mi riguarda, non mi interroga né tanto meno risponde alle domande che mi pongo o che vorrei porre. Quello che succede ogni giorno e che si ripete ogni giorno, il banale, il quotidiano, l'evidente, il comune, l'ordinario, l'infra-ordinario, il rumore di fondo, l'abituale, in che modo renderne conto, in che modo interrogarlo, in che modo descri-

> verlo? Interrogare l'abituale. Ma per l'appunto ci siamo abituati. Non lo interroghiamo, non ci interroga, non ci sembra costituire un problema, lo viviamo senza pensarci, come se non contenesse né domande né risposte, come se non trasportasse nessuna informazione. Non è neanche più un condizionamento, è l'anestesia. Dormiamo la nostra vita di un sonno senza sogni. Ma dov'è la nostra vita? Dov'è il nostro corpo? Dov'è il nostro spazio?

che non era un palindromo ma era una cosa memorabile, secondo me, e Diego Zucca mi aveva detto che Perec piaceva molto anche a lui e che proprio Perec aveva scritto il palindromo più lungo del mondo e, in quel momento, un nostro amico, Luciano Marrocu, uno scrittore che, seduto a un tavolino del bar Centrale di Seneghe aveva seguito la nostra conversazione con uno sguardo un po' schifato, ho capito poi dopo, era intervenuto aveva detto «Ma voi, invece di fare dei palindromi, perché non fate la rivoluzione?».

Ecco.

Io, allora, mi aveva divertito, questa battuta di Luciano Marrocu, ma, a pensarci, secondo me, Chlebnikov, per esempio, che tra le sue letture preferite c'erano i dizionari, e che aveva una grande capacità di giocare con la lingua, e che era una specie di equilibrista, ecco, per lui, per Chlebnikov, questi giochi, questa specie di ginnastica da equilibrista, non era proprio una ginnastica, non era solo un allenamento e non era mai (mi sembra) ostentazione, ma aveva un senso anche tragico, era parte della sua lotta, di Chlebnikov, per la conoscenza della lingua, che era il suo strumento per conoscere il mondo, i misteri del mondo, e penetrare i misteri della lingua voleva dire, per Chlebnikov, rubare il fuoco agli dei, se ho capito bene, e mi vien da pensare che per lui, per Chlebnikov, e per Perec, probabilmente, fare dei palindromi, lavorare sulla lingua, aumentare la propria capacità di farla, di costruirla, di elaborarla, diventare più bravi voleva dire, in un certo senso, fare la rivoluzione, e anche per me, nel mio piccolo, la prima cosa che mi colpisce, in una persona, è il modo in cui parla e, se questa persona fa finta di essere un altro, se usa delle parole che non gli stanno in bocca, se fa finta di sapere parlare in un modo diverso dal suo, io, mi dispiace, a me mi vien da pensare "Ma cosa vuoi fare?".

Non so, per esempio, adesso, nel momento in cui sto scrivendo questa cosa, il politico forse più popolare, in Italia, è un signore di Firenze che si chiama Matteo Renzi e che è, temporaneamente, il sindaco di Firenze, ed è un signore che nel 2012 ha pubblicato un saggio sulla bellezza che si intitolava *Stil novo* e che io, siccome mi avevan chiesto di recensirlo, l'avevo letto, e quel saggio lì cominciava con un'epigrafe di Camus («La bellezza non fa rivoluzioni, ma viene il giorno che le rivoluzioni hanno bisogno di lei») e parlava di molte cose: di bellezza, di Firenze, dell'Italia, dell'America, del mondo. Di Dante, di Leonardo, di Michelangelo, di Savonarola. Dei fiorentini, dei toscani, degli italiani, degli americani. Era un libro pieno di frasi singolari come per esempio: «Scrivere di Firenze è difficile. Forse arrogante. Per qualcuno persino inutile»; «Anche questa città, patria dell'arte e della cultura, si fa spesso raggiungere dalla mucillagine del banale»; «Una sorta di Manhattan ante litteram? Sì e no»; «Ovviamente, se ascoltate gli storici vi diranno che questa ricostruzione è parziale e superficiale. Lo ammetto anch'io, sia chiaro. Ma non è che vi dovete preparare a un esame universitario: state assaggiando una città»; «Ormai è maturo il tempo in cui l'Italia regolarizzi il servizio civile obbligatorio, la cui introduzione è stata richiesta da molte associazioni e dal settimanale "Vita", la più autorevole testata del terzo settore in Italia»; «Dobbiamo avere la forza di sconfiggere il pensiero debole dei poteri forti, o presunti tali»; «Una città non è un ammasso casuale di pietre»; «Diciamoci la verità, a Firenze ci sono cose meravigliose, che spaccano il pensiero»; «Se vogliamo essere onesti, però, a Firenze non mancano nemmeno le autentiche cialtronate, che andrebbero proibite con un'ordinanza»; «Sono sicuro che se Dante fosse in vita scriverebbe sul suo blog parole al vetriolo contro questa assurdità»; «Dante appartiene a quei personaggi rovinati dalla scuola»; «Spesso ce lo presentano in modo monotono. E invece Dante era un ganzo. Amava l'amore, amava la politica, amava le passioni forti. Detta male: gli garbava vivere»; «Dante ha inventato l'italiano riuscendo nel brillante paradosso di fondare un'appartenenza proprio dall'esilio»; «Io sono convinto che Dante era di sinistra, anche se non lo sapeva»; «Crea l'italiano anche se probabilmente non ne è consapevole, pur avendo una sufficiente dose di autostima, diciamo così»; «In questi momenti mi viene quello che, tecnicamente parlando, si chiama discreto giramento di scatole, giusto per uscire dall'atmosfera poetica»; «Anche perché diciamo la verità: la *Gioconda* è più enigmatica che bella»; «Non possiamo indugiare qui nei particolari, rimandando a testi più seri».

Ecco.

A me era sembrato stranissimo che in tutte le 192 pagine di quel libro sulla bellezza non fossi riuscito a trovare una frase che mi sembrasse non dico bella, ben fatta. A un certo momento mi era tornato in mente Camus quando, nei suoi taccuini, pensava a quel che avrebbe voluto ancora fare, nella sua vita, e scriveva:

> Ma soprattutto, soprattutto, rifare a piedi, con lo zaino sulle spalle, la strada da Monte San Savino a Siena, costeggiare quella campagna di ulivi e di viti, di cui sento ancora l'odore, percorrere quelle colline di tufo bluastro che s'estendono sino all'orizzonte, e vedere allora Siena sorgere nel sole che tramonta con tutti i suoi minareti, come una perfetta Costantinopoli, arrivarci di notte, solo e senza soldi, dormire accanto a una fontana ed essere il primo sul Campo a forma di palmo, come una mano che offre ciò che l'uomo, dopo la Grecia, ha fatto di più grande. Sì, vorrei rivedere la piazza inclinata di Arezzo, la conchiglia del Campo di Siena e mangiare ancora i cocomeri per le strade calde di Verona. Quando sarò vecchio, vorrei che mi venisse concesso di tornare su quella strada di Siena, che non ha eguali al mondo, e di morirvi in un fossato, circondato soltanto dalla bontà di quegli italiani sconosciuti che io amo.

E mi era venuto da pensare che Camus, quando parlava della bellezza, era come un falegname che parlava del legno, sapeva quel che diceva, invece Renzi, io dopo aver letto quel libro lì, io se qualcuno mi parla di Renzi io secondo me Renzi ha una confusione, nella sua testa, che non ha molto idea, di quello che sta dicendo e facendo.

E dopo, adesso quando non lo so di preciso, non mi ricordo, ma nella primavera del 2012, quando ho saputo che, a Parma, il MoVimento 5 stelle era andato al ballottaggio alle elezioni municipali, intanto ero contento, perché, essendo parmigiano, mi sembrava che fosse normale che, quando per la prima volta, in Italia, succedeva che un candidato di un MoVimento popolare nato in rete e che si ispirava a un notissimo personaggio dello spettacolo e che aspirava a cambiare la grammatica della politica avesse la possibilità di diventare sindaco di un capoluogo di provincia, a me sembrava normale che la cosa succedesse a Parma, e dove doveva succedere? A San Daniele? Allora, quando la cosa era successa, ero andato in rete e avevo scaricato il programma del MoVimento 5 stelle di Parma e l'avevo consultato e ero andato a vedere prima di tutto la proposta del MoVimento 5 stelle di Parma sulla cultura.

E avevo trovato che la parte dedicata alla Cultura del programma per le comunali del MoVimento 5 stelle di Parma (che veniva dopo la parte dedicata alla Democrazia diretta e trasparenza, dopo quella dedicata alla Connettività, dopo quella dedicata a Ambiente e rifiuti, dopo quella dedicata all'Acqua pubblica, dopo quella dedicata all'Agricoltura, all'Energia, all'Urbanistica, alla Mobilità, al Lavoro, alle Imprese, all'Artigianato e Commercio, al Turismo, al Bilancio e partecipate, all'Ed. civica e reti sociali, alla Immigrazione, al Sociale, alla Scuola, alla Salute e Sport, e prima di quella dedicata alla Sicurezza), la parte dedicata alla Cultura, dicevo, cominciava così:

> È necessario avere a cuore la salute culturale della nostra città e dedicarle attenzione pari a quella dedicata ad altri ambiti amministrativi come ad esempio ai lavori pubblici e alle infrastrutture.
>
> Per il settore della Cultura di Parma è doverosa una programmazione a medio termine e programmazioni a lungo, puntando sulla partecipazione e sulla trasparenza.
>
> Non servono particolari slogan o interpretazioni di gestione che puntano solo al consenso elettorale peggiorati da personalismi eccessivi, tralasciando di considerare adeguatamente il senso d'utilità collettiva dell'azione amministrativa.

Che io subito avevo pensato "Mo mama", poi avevo scritto un pezzetto: «Ecco – avevo scritto dentro quel pezzetto che era uscito sul quotidiano "Libero", – ecco – avevo scritto, – forse sono io, ma io, uno che scrive una frase così ("Non servono particolari slogan o interpretazioni di gestione che puntano solo al consenso elettorale peggiorati da personalismi eccessivi, tralasciando di considerare adeguatamente il senso d'utilità collettiva dell'azione amministrativa"), io, dicevo, uno che scrive una frase così, io non lo so, che testa può avere», avevo scritto, e poi avevo messo questa cosa in rete e l'avevo linkata al mio profilo di Facebook, avevo, allora, un profilo di Facebook, e mi era arrivato subito un commento che diceva: «Come al solito solo critiche... mi sarebbe piaciuto vedere anche proposte nella seconda parte dell'articolo... Almeno il MoVimento 5 stelle si mette in gioco... Te? Perché sia chiaro, nel MoVimento 5 stelle è sempre benvenuta ogni proposta da parte dei cittadini, prova a mandare una proposta!». Che io subito avevo pensato "Mo mama", e poi gli avevo risposto gli avevo scritto: «Propongo di scrivere delle cose che si capiscano».

E, lo dico senza falsa modestia, sono molto contento di aver fatto questa proposta e mi vien da pensare che, in questo modo, metto al sicuro questo libretto da eventuali attacchi come la critica di non aver fatto proposte e di non essermi messo in gioco, mi auguro. Anche se so che magari qualcuno troverà lo stesso il modo di criticare, che quando uno scrive una cosa, come al solito, solo critiche. Ma io lo so, che cosa rispondergli. «Sempre qui a criticare – gli rispondo, – fate ben delle proposte, se siete capaci», e così mi trovo in una situazione inattaccabile come il responsabile delle pagine della cultura della «Gazzetta di Parma» che c'era quindici anni fa quando mi avevano chiesto a me di collaborare che questa però è una storia che, a pensarci, è meglio metterla nel prossimo capitolo.

Visioni del mondo

Da quando ho cominciato a scrivere questo libretto, continuo a pensare alla cuoca di Lenin. Anche gli appunti, che prendo: la cuoca di Lenin, la cuoca di Lenin. Poi leggo, nei miei, per così dire, taccuini: Al freddo e al gelo. Quando si è al freddo, si è sempre anche al gelo.

Poi leggo: Governo di responsabilità nazionale. La responsabilità, è sempre nazionale.

Non c'è la responsabilità regionale, né quella comunale, né quella frazionale. Cioè tipo: 2/3 di responsabilità. O 7/8. Come la colpa negli incidenti. Che possono essere stradali, o domestici.

Così come i gatti, anche loro: stradali, o domestici. Gatti che sono, come si sa, animali notturni.

Diversamente dai bambini, mi ha detto una volta la Battaglia, che sono giornurni, come animali.

Comunque, quindici anni fa, quando avevo appena cominciato a pubblicare dei libri, la «Gazzetta di Parma» mi avevano chiesto di collaborare con loro e io ci ero andato, nella sede vecchia che c'era allora in via Emilio Casa, e mi ricordo, cioè mi ricordo, l'ho scritto dentro un romanzo lo prendo da lì, non è che mi ricordi, lo ricopio, mi ricordo che quando sono entrato nella hall della vecchia sede della «Gazzetta di Parma» a me mi era venuta in mente l'ultima volta che c'ero andato che ero andato a portare dei necrologi che mi aveva dettato mia mamma al telefono che uno dei nomi l'avevo capito anche male era poi stato stampato sbagliato solo mi aveva detto mia mamma che non era grave essendo il nome che avevo sbagliato quello di un vicino di casa di una nostra lontana zia di montagna che faceva l'arrotino non sapeva né leggere né scrivere e a me questo fatto che avevo sbagliato il nome di un arrotino che non sapeva leggere e scrivere mi sembrava peggio che se avessi sbagliato il nome della nostra famiglia e secondo me dal tono che aveva mia mamma anche secondo lei, era così, solo non voleva dirmelo per via che non mi voleva ulteriormente mortificare, avevo pensato quindici anni fa entrando alla «Gazzetta di Parma» che quella volta non ero andato a portare dei necrologi avevo superato l'ingresso ero arrivato fin nei sotterranei davanti alla scrivania del direttore delle pagine della cultura di questo quotidiano il primo quotidiano d'Italia, dicono a Parma, a Mantova dicono che è la «Gazzetta di Mantova».

Che il direttore dopo che ci eravam presentati prima di parlare di affari lui mi ricordo aveva fatto una premessa ideologica, «Questo giornale – mi aveva detto, – venti anni fa la facciata hanno cambiato i vetri hanno messo dei vetri antiurto in conseguenza del fatto che io quand'ero al liceo son venuto qua davanti a tirarci dei sassi, pertanto», mi aveva detto, poi si è fermato che a me mi era venuto da dirgli pertanto che cosa non gli avevo detto niente lui era ripartito con un'altra frase.

«Noi – mi aveva detto il responsabile della cultura della "Gazzetta di Parma", – a noi ci interessa se vuoi collaborare con la pagina della cultura della "Gazzetta di Parma" tre pezzi al mese puoi scrivere quello che vuoi, pertanto», mi aveva detto.

«Certo – mi aveva detto, – devi considerare che scrivi su un giornale con una proprietà precisa e identificata, anche se scrivendo nella pagina della cultura sarai abbastanza libero, mi ha detto, potrai godere di una libertà a trecentoquaranta gradi.»

«A trecentoquaranta gradi», gli avevo detto io.

«A trecentoquaranta», mi aveva detto lui.

«Che non è trecentosessanta – mi aveva detto, – però, piuttosto che niente, come dicono a Parma, è meglio piuttosto – mi aveva detto, – che ci son delle redazioni, qua sotto – e aveva fatto un segno alla sua destra, – che sono più realisti del re – aveva detto, – noi invece no, noi siam democratici.»

«Pertanto – mi aveva detto, – niente cose troppo personali e orecchie aperte su quel che succede, che la gente almeno abbia un motivo per leggere le cose che scrivi, che ci sono di quegli scrittori – mi aveva detto – che per noi scrivono dei pezzi sui compleanni dei loro parenti che non interessano niente a nessuno, il compenso è centocinquantamila lire al pezzo che non è molto – mi aveva detto, – però, piuttosto che niente», mi aveva detto, «Come dicono a Parma», gli avevo detto io, «È meglio piuttosto – mi aveva detto lui, – pertanto – mi aveva detto, – quando hai qualcosa di pronto telefona, va bene?», mi aveva chiesto a me il responsabile della cultura della «Gazzetta di Parma».

«Guardi – gli avevo detto io, – secondo me possiamo provare – gli avevo detto, – il compenso non è molto alto però», gli avevo detto, «Piuttosto che niente», mi aveva detto lui, «Come dicono a Parma», gli avevo detto io, «È meglio piuttosto», mi aveva detto lui e poi si era alzato come per dire che il nostro incontro era finito mi ero alzato anch'io l'avevo salutato mi ero preso su ero uscito dalla «Gazzetta di Parma» intanto che uscivo pensavo che questa filosofia del piuttosto che niente è meglio piuttosto nella sua semplicità lei costruiva un sistema perfetto e inattaccabile che quelli che la facevano propria, questa filosofia, se te ti permettevi di criticare la loro Weltanschauung la loro visione del mondo di sollevare dei dubbi loro ti dicevano «Be', non sarà mica una gran Weltanschauung una gran visione del mondo però, cosa vuoi, piuttosto che niente, come dicono a Parma, è meglio piuttosto», ti dicevano loro che te poi non avevi più niente da dire, scrivevo in un libro che avevo scritto tanti anni fa.

Dopo poi, della «Gazzetta di Parma», che nel secolo scorso era un quotidiano liberale, adesso recentemente, nel documentarmi per questo libro, io ne ho parlato con un signore, che mi ha detto di chiamarlo «un rappresentante della borghesia parmigiana», e gli ho chiesto come mai, secondo lui, quando ci son state le elezioni, le ultime, Tv Parma, la prima televisione privata italiana, forse, della quale son proprietari gli stessi proprietari della «Gazzetta di Parma», il primo quotidiano italiano, forse (e sono proprietari anche di Radio Parma, la prima radio libera italiana, forse), Tv Parma, dicevo, quando c'eran state le elezioni comunali aveva mandato in diretta il comizio conclusivo del candidato del Pd Vincenzo Bernazzoli e non quello del candidato del MoVimento 5 stelle Federico Pizzarotti, che è una cosa che, per una proprietà che si professa liberale, non è molto liberale, avevo detto a questo rappresentante della borghesia parmigiana, e questo rappresentante della borghesia parmigiana mi aveva detto che «la "Gazzetta di Parma" è un giornale illiberale per una città illiberale», e quando gli ho detto che, questa cosa, l'avrei scritta volentieri, lui mi ha detto che, se la attribuivo a lui, lui avrebbe negato di avermela detta, a meno che non l'avessi definito, un po' vagamente, «un rappresentante della borghesia parmigiana» che è stata una cosa che, subito, avevo pensato "Ma pensa", dopo poi avevo pensato che, a pensarci, questa cosa confermava la tesi che Parma, secondo quel rappresentante della borghesia parmigiana, è una città illiberale, che io non è che sono d'accordo, io non lo so, però invece lui sì, è d'accordo, e lo sa, o crede di saperlo, e il suo rifiuto di confermare con nome e cognome quel che aveva appena detto era perfettamente in sintonia con quel che mi aveva detto, cioè che Parma, secondo lui, è una città illiberale, e se lui mi avesse dato l'autorizzazione a pubblicare con nome e cognome la sua dichiarazione si sarebbe in un certo senso contraddetto da solo invece non si è contraddetto è stato di un coerente.

La lingua

Una cosa che mi piace, del fatto che a Parma le elezioni le ha vinte il MoVimento 5 stelle, è il fatto che, per me, è difficile parlarne. Sono in imbarazzo. E quando sono in imbarazzo, io, l'imbarazzo, per me, è una cosa che mi piace.

Cioè che sono contento.

Sono contento anche quando non sono in imbarazzo, ma sono contento anche quando sono in imbarazzo, e quando sono in imbarazzo, io per me l'imbarazzo è quasi sempre un imbarazzo linguistico, cioè che dipende dalla difficoltà di dire le cose in un modo che si possano dire, e che si capiscano, e che non si debba avere vergogna. Non so, per esempio, faccio un esempio.

Nell'agosto dell'anno 2012, pochi mesi dopo che i rappresentanti del MoVimento 5 stelle erano, per così dire, al governo della città, in risposta a delle critiche per il fatto che, in agosto, il deposito delle biciclette in stazione sarebbe stato chiuso, il comune di Parma ha diramato, come si dice, un comunicato dove c'era scritto che

> il Comune e Infomobility hanno messo in piedi ed organizzato un servizio dandone sempre il massimo risalto ma soprattutto ampliando l'offerta in termini temporali, di quella che fu sempre stata nel passato. La chiusura del periodo di ferragosto risulta il tempo minimo che veniva attuato anche nel passato ed il momento particolare non aiuta certo a disporre di maggiori finanziamenti per fare diversamente, anche se tutti gli sforzi verranno riposti per i prossimi mesi nelle pieghe del bilancio comunale. Il costo del deposito e della gestione non è infatti assolutamente coperto dai rimborsi richiesti ai cittadini, si conta una perdita annua di più di trentamila euro, ma questo non ha certo fermato l'attuale Amministrazione dal perpetuare ed ampliare, ove possibile, un servizio così utile e necessario.

Ecco, adesso io, chi sono io per criticare?

Nessuno.

Che, tra l'altro, io, non lo so se è vero, ma un mio amico mi ha detto che, quando era uscito uno dei miei primi romanzi, un professore di lettere che l'aveva trovato nella biblioteca scolastica aveva scritto una lettera a un giornale dove diceva «Ma noi che facciamo tanta fatica a insegnare la grammatica e la sintassi, dopo c'è della gente che scrive dei libri del genere, ma che senso ha?», diceva quel professore, mi han detto, e ammettiamo pure che avesse ragione, che aveva poi anche ragione, che i miei libri son pieni di sfondoni grammaticali, ma chi sono io?, nessuno, e difendersi dai miei libri è facilissimo, basta non leggerli, invece un comune, se fanno dei comunicati con dei trapassati remoti che non c'entrano niente forse dovrebbero stare un po' più attenti, secondo me, che non ne so niente, non so neanche chi è stato, che ha scritto quel comunicato, ma mi viene il dubbio che sia uno che non può mica tanto permetterseli, i trapassati remoti.

Che adesso, io, è un discorso difficile, l'ho detto, a me, questi qua, questi rappresentanti del MoVimento 5 stelle che hanno vinto le elezioni a Parma nel 2012, mi mettono in imbarazzo, mi fanno pensar delle cose che non avrei mai pensato, che mi vien da pensare "Non parlarne, che è meglio" solo che poi, non c'è niente da fare, ne devo parlare.

Che una volta, subito dopo la campagna elettorale per il comune di Parma, nella primavera del 2012, ho trovato in rete un questionario dove si diceva che il sindaco di Parma, il suo libro preferito era *Il gabbiano Jonathan Livingston*, il suo filosofo preferito era Socrate «per il suo modo di essere filosofo in mezzo alla gente», che chi aveva votato l'ultima volta lui non se lo ricordava, «forse Rifondazione comunista», che la cosa che secondo lui funzionava peggio a Parma, prima delle ultime elezioni, era «il servizio di bike sharing».

Ecco, quando ho letto quelle cose lì io non riuscivo a crederci, che avevano eletto lui come sindaco di Parma, e dopo che l'avevano eletto gli avevo chiesto tre o quattro volte, attraverso degli articoletti pubblicati sul quotidiano «Libero», qual era il modo di Socrate di esser filosofo in mezzo alla gente, non mi aveva mai risposto, "Si vede che non legge 'Libero'", avevo pensato (invece poi mi ero accorto che lo legge); dopo avevo anche pensato che, se il suo libro preferito era *Il gabbiano Jonathan Livingston*, del sindaco, che è un libro che di solito si legge a tredici anni, io avevo pensato che lui, il sindaco, che di anni ne aveva quasi quaranta, negli ultimi ventisette anni di libri non ne aveva letto neanche uno, e mi ero spiegato con quello, con il fatto che il sindaco era uno che non leggeva libri, certi suoi comportamenti che secondo me erano comportamenti, non so come dire, strani, per esempio il suo atteggiamento nei confronti del trattamento dei rifiuti, che è una cosa che ne ho parlato tante di quelle volte che oggi, lo confesso, che è il 30 di maggio del 2013, non ho mica voglia, di parlarne.

Aspettiamo magari domani, che forse la voglia domani mi torna, cerchiamo un altro esempio, non so, per esempio una volta gli ho sentito dire, al sindaco di Parma, in consiglio comunale, rivolto a un esponente dell'opposizione (è stranissimo che in consiglio comunale siano tutti esponenti di qualcosa, chissà cosa espongono), gli ho sentito dire, dicevo: «Io non ho capito se voi preferiate, plurale maiestatis, che il comune fallisca», e la cosa che mi stupisce non è che uno non sappia il latino, è che uno faccia finta di saperlo, che se è uno che fa un mestiere normale, non so, il piastrellista, può essere anche un tratto simpatico, ma se uno fa un mestiere che deve prendere delle decisioni anche per gli altri, avere uno che ha idea di quello che dice secondo me sarebbe meglio che avere uno che non si rende mica tanto conto.

Dopo io chi sono, per far delle critiche, non son mica nessuno, e tra l'altro quella cosa che ho detto che oggi non ho mica voglia, di parlare della politica del MoVimento 5 stelle sull'inceneritore di Parma, a pensarci bene, io, oggi, 30 maggio 2013, non ho mica tanta voglia neanche di parlare di Parma, del sindaco e degli assessori e questa è una cosa che per me è abbastanza strana.

Perché io ho fatto sei o sette mesi che, non so come mai, le vicende della politica di Parma io dovevo trattenermi, per non parlare sempre di quello che stava succedendo a Parma, e così mi sembrava fosse anche in città, intesa come Parma.

Che io, in quei sei o sette mesi, quando andavo a Parma o quando incontravo qualcuno di Parma, ci mettevamo subito a parlare di quel che era successo a Parma, di com'erano questi qua che adesso facevano i sindaci o gli assessori di Parma, e se la persona con cui parlavo era una persona che c'ero in confidenza, e che potevo permettermi di fare delle ipotesi non fondate su dati di fatto incontrovertibili, io gli dicevo «Ma sai qual è il libro preferito del sindaco?», «No», mi diceva lui, «*Il gabbiano Jonathan Livingston*», gli dicevo io, e lui «No!», mi diceva, «Sì», gli dicevo io, e con questo «Sì» mi sembrava di dire un sacco di cose e queste eran cose che succedevano qualche mese fa, tipo in ottobre del 2012, forse ancora in novembre ma adesso, che siamo nel mese di maggio del 2013, dopo che, al contrario di quello che avevano detto prima del voto, i governanti di Parma hanno alzato le tasse sulla casa, dopo che, al contrario di quello che avevano detto prima del voto, hanno alzato le tariffe degli asili nido, dopo che, al contrario di quello che avevano detto prima del voto, non hanno bloccato l'inceneritore, dopo che, al contrario di quello che avevano detto prima del voto, non hanno portato la raccolta differenziata al novanta per cento, dopo che, al contrario di quello che avevano detto prima del voto, hanno assunto della gente per chiamata diretta senza concorso, dopo che, al contrario di quello che avevano detto prima del voto, invece di aiutare l'orchestra del teatro Regio l'han chiusa, dopo che, al contrario di quello che avevano detto prima del voto, hanno contribuito al cosiddetto consumo del suolo, dopo queste e tante altre cose che son state fatte in spregio di quel che era stato detto in campagna elettorale, l'impressione che ho io è che a Parma, la curiosità nei confronti di questi politici nuovi mi sembra sia un po' svanita, che i politici nuovi si son dimostrati, nel breve volgere di dodici mesi, come si dice, molto simili ai politici vecchi, che era una cosa, adesso è brutto dirlo, ma io l'avevo sospettata fin da subito, perché questi politici nuovi, in sostanza, quello che dicevano, mi sembra, era che loro eran diversi, dagli altri, cioè da quelli vecchi. Solo che anche gli altri, quelli vecchi, sostenevano di essere diversi dagli altri, sia dai nuovi che dai vecchi altri da loro. Allora dei politici veramente nuovi, mi sembra, quello che avrebbero dovuto dire era che loro erano uguali, agli altri. Non li avrebbe votati nessuno, però, probabilmente. Si sarebbe persa così l'unica occasione di votare veramente il nuovo, la gente ha tanta voglia di nuovo.

Invece questi li avevan votati, e adesso, però, mi sembrava che non eran tanto contenti, di loro, e anch'io, che avevo deciso di far questo libretto su quello che stava succedendo a Parma e nella politica in generale, con tutte queste novità, mi era passata la voglia, che era una cosa, però, adesso non so se voi che leggete siete pratici di filosofia sufi, ecco questa era una cosa che c'entrava un po' la filosofia sufi.

Che io, la filosofia sufi ho cominciato a leggerla quando stavo scrivendo un romanzo che si è poi intitolato *Si chiama Francesca, questo romanzo*, e all'epoca non facevo ancora del tutto questo mestiere qua di scrivere i libri, cioè lo facevo, ma facevo anche in parte un altro mestiere che mi era rimasto da prima che era il mestiere di tradurre dei manuali tecnici in russo che io, scrivevo poi dentro un romanzo che si è poi chiamato *Si chiama Francesca, questo romanzo*

> delle volte mi sveglio che so che è un giorno che devo tradurre che poi c'è da consegnare un manuale non posso più rimandare, io piuttosto andrei a vangare, invece che mettermi lì al computer a fare le mie traduzioni a tradurre anche tutta la notte fino al mattino che poi c'è la consegna.
>
> Che li traduco con una cura con un'attenzione, questi manuali, che io non son mai riuscito a capire come mai le mie traduzioni non mi tornavano

indietro con delle note di biasimo. Che ogni volta che consegnavo una traduzione io mi aspettavo che passavano quindici giorni che poi telefonava qualcuno per dirmi che le mie traduzioni fanno cagare, le mie traduzioni.

Io mi aspettavo sempre la telefonata di qualche direttore tecnico che mi diceva che come traduttore non valevo una sega di cambiare mestiere di andare a vangare, piuttosto. Invece sono tre anni che lo faccio, questo mestiere, mai nessuno che si è lamentato. Allora prima "Si vede che non li legge nessuno, – pensavo, – questi manuali". Dopo invece ho letto un libro di filosofia sufi.

In quel libro lì c'era un maestro sufi che aveva voglia di scrivere una storia bellissima che aveva in mente, solo non la scriveva.

«E be', – gli chiedevano i suoi allievi sufi, – perché non la scrivi?».

«Non la scrivo perché ho voglia di scriverla», diceva il maestro.

«Be', – gli dicevan gli allievi, – come sarebbe? Se hai voglia di scriverla, – gli dicevano, – scrivila».

«No», diceva il maestro.

«E perché?» gli chiedevan gli allievi.

«Le storie sufi, – rispondeva il maestro, – vengono bene quando si scrivono se non se ne ha voglia. Che uno resta distaccato, vengono fuori delle storie meravigliose», diceva il maestro.

Allora ho pensato che anche le mie traduzioni, son molto sufi.

ho scritto dentro un romanzo che si intitola *Si chiama Francesca, questo romanzo* e allora, se voglio che anche questo libro che si intitola *Mo mama (da chi vogliamo essere governati?)* abbia qualche speranza di venir bene, forse dovrei proprio parlare delle cose di cui non ho voglia di parlare, quindi la cosa da fare, mi sembra, è di andare avanti.

Però prima volevo dire una cosa.

Che da quello che ho scritto prima può sembrare che io pensi che chi non legge dei libri non è mica tanto furbo, non è vero, non la penso così, io penso che ci siano i furbi e i non furbi sia tra chi legge che tra chi non legge, mio babbo per esempio di libri non ne leggeva però era furbo, secondo me, e non era furbo come si dice a Parma che, se a qualcuno gli dici «Sei furbo», vuol dire che non è tanto furbo, no, mio babbo, che faceva il muratore, era furbo in un modo che io, quando ho finito l'università, mi è venuta da scrivere una cosa che si intitolava *A Renzo*, mio babbo si chiamava Renzo, e che, più o meno, diceva così: «Adesso ho capito che tu sai / quanto è lungo un metro / quanto durano otto ore / quanto pesa un quintale. / A tanto / è servito il mio studiare».

Una divagazione

Non che la cosa sia chiara, ma una differenza che mi sembra esista è la differenza tra chi usa la lingua e chi viene usato, dalla lingua, tra chi, quando parla, costruisce una cosa e chi viene costruito, dalla cosa che sta dicendo.

Ecco, questi qua che, quando parlano, sono vittime delle cose che dicono, per così dire, son delle persone che, per esempio, nei loro discorsi, se uno è ricco, è sempre sfondato, se ha la barba, è sempre folta, se c'è un fuggi fuggi, è generale, se si parla di acne, è giovanile, se si parla di tecnologie, sono nuove, se nel discorso c'è un nucleo, è familiare, se c'è una marcia, è funebre, oppure nuziale, se c'è un'attesa, è dolce, se c'è un andirivieni, è continuo, se ci son delle chiacchiere, sono oziose, se c'è un errore, è fatale, se c'è una facciata, è imponente, se c'è un gol, è decisivo, se c'è un padre, è esemplare, se c'è un erede, è degno, oppure spirituale, se c'è una discussione, è accesa, se c'è una linfa, è vitale e così via, non che la cosa sia chiara, ma più o meno mi viene da dirla così, per esempio.

All'estero

In una riunione del consiglio comunale del 2 ottobre del 2012, a Parma, un consigliere che si chiama Buzzi aveva comunicato all'assemblea il fatto che i lavori per la realizzazione della scuola europea erano stati interrotti per la «conclamata inadempienza» del comune che «non aveva proceduto alla ratifica dell'accordo transattivo che scadeva il 28 settembre», e aveva chiesto spiegazioni al sindaco di Parma.

Il sindaco di Parma aveva risposto che «la procedura non era andata avanti perché non c'erano i presupposti».

E a me era venuto in mente quando, una decina di anni prima, avevo una fidanzata che con lei facevamo delle discussioni che più o meno suonavan così: lei mi diceva «Io voglio un bambino». Io le dicevo «Io non lo voglio». Lei mi chiedeva «Perché non lo vuoi?». Io le dicevo «Perché no».

Lei mi diceva «Perché no non è una risposta». Io le dicevo «Invece è una risposta». Lei mi diceva «Invece non è una risposta». Io le chiedevo «Perché non è una risposta?». Lei mi diceva «Perché no». Io le dicevo «Perché no non è una risposta». Lei mi diceva «Invece è una risposta». Io le dicevo «Ok, ricominciamo». Ci siam poi lasciati.

Che son delle cose, quando ci si comincia a avvitare su quei discorsi lì, che vien da pensare che è un segno che non c'è tanto futuro, e noi, in Italia, in questo periodo, a sentire quello che dice la gente che se ne intende, o che dovrebbe intendersene, siamo forse un po' tutti in quella situazione lì, tanto che molti, in questi ultimi anni, hanno pensato che forse facevano bene a andare all'estero; un po' della gente che conosco, in questi ultimi anni, è andata a abitare a Berlino, adesso va di moda Berlino, qualche anno fa andava di moda Barcellona, infatti un po' di gente che conosco era andata a abitare a Barcellona, poi, dopo, non so, Londra, Parigi, un po' di gente che conoscevo qualche anno fa era andata a abitare a Londra, o a Parigi, invece io, a pensarci, a me non m'è mai venuto in mente, di andare a abitare definitivamente a Berlino, né a Barcellona né a Londra né a Parigi né a Mosca né ad Amsterdam né a Lisbona né a San Pietroburgo non lo so, come mai, forse sono legato, non lo so, un po' è l'aria, ma un po' è anche la lingua, che io, l'ho anche già scritta, questa cosa, io non lo so, come sarebbe stato, svegliarsi sapendo che quel giorno, e tutti gli altri giorni a venire, intorno a te, per strada, non ci sarebbe stato più l'italiano ma, non so, lo spagnolo, che è una lingua, non ho mica niente contro lo spagnolo, però l'italiano, per me che sono italiano, come lo spagnolo per uno che è spagnolo, mi immagino, sono delle cose che, è come, non so, come quando hai una chiave che non apre bene, che tutte le volte che torni a casa ci metti un po' a aprire la tua porta di casa, che ti viene un nervoso, ecco, usare una lingua che non è la tua sarebbe un po' la stessa cosa ma moltiplicato per un milione, non so se mi spiego.

Che io mi ricordo, non c'entra niente, ma mi ricordo Céline che dicevano che quand'era in Danimarca che sentiva, per radio, parlare francese, scoppiava a piangere, ecco io credo di capire quel sentimento lì e ho l'impressione che se avessi abitato, non so, gli ultimi dieci anni, a Berlino, io tutti i giorni avrei avuto in gola quella voglia di piangere, magari in fondo alla gola, cioè non sarebbe stata una cosa, cioè non è un sentimento, non so come dire, patriottico, non è forse neanche un sentimento, è qualcosa di fisico, una specie di stimolo nervoso, forse.

Che io, per me, ho vissuto a Parma fino al 1999, cioè fino a quando ho avuto trentasei anni, però nel 1985, quando di anni ne avevo ventidue, ero andato via, da Parma, ero andato a lavorare in Algeria, e ci avevo lavorato un anno e mezzo, e poi ero andato in Iraq e avevo lavorato anche in Iraq per un anno e mezzo, e sia in Algeria che in Iraq stavo via quattro mesi e poi tornavo per due settimane, e quando tornavo dall'Algeria e dall'Iraq io, star via quattro mesi e avere intorno una lingua che non era la mia, era come se, in quei quattro mesi lì, non dormissi mai bene; il fatto che non capivo quel che dicevano intorno a me, o il fatto di non aver intorno l'italiano, non so, questi fatti producevano una specie di irritazione nervosa che era come se non mi facesse dormire bene e poi, mi ricordo, quando tornavo in Italia, ma fin dall'aeroporto, io avevo l'impressione di coricarmi sull'italiano e, quando arrivavo a Parma, sulla variante parmigiana dell'italiano che era veramente il mio letto, se così si può dire.

Ecco.

Queste cose mi sono venute in mente alla fine di maggio del 2013, quando son stato a Tallinn, a un festival di letteratura che avevo dormito in un albergo dove, nel 1994, avevan dormito anche i Rolling Stones, c'eran le foto.

E, lì a Tallinn, mi avevano invitato a una festa dell'ambasciatore irlandese, e l'ambasciatore a un certo punto aveva chiamato il silenzio picchiando sopra un bicchiere e tutte le cinquanta persone che eravam lì avevan fatto silenzio e lui, l'ambasciatore, aveva fatto un breve discorso nel quale aveva parlato dei tre scrittori irlandesi che partecipavano al festival e aveva fatto una breve recensione dei loro ultimi libri e io non capivo benissimo tutto, ero in una condizione come di, non so come dire, inferiorità linguistica, e la situazione, lì, era anche un po' comica, durante il discorso, che io ero lì ad ascoltare la recensione, in irlandese, fatta da un ambasciatore irlandese, di tre libri irlandesi che non avrei probabilmente mai letto nella mia vita, scritti da tre scrittori irlandesi che non avevo mai sentito nominare e che avevo il dubbio che non avrei mai più sentito nominare nella mia vita e poi dopo, quando mi avevano presentato agli scrittori e agli editori invitati a quel festival, sia irlandesi che estoni che inglesi che russi, io, tranne che coi russi, rispondevo esattamente la cosa che mi dicevano, «How do you do?», «How do you do?», e se mi dicevano qualcosa che non capivo dicevo «Yes yes», e sorridevo, e vivevo in una specie di condizione di demenza e marginalità che non era neanche bruttissima ma non mi divertivo tanto, e non mi veniva da dire niente di particolarmente intelligente, né di particolarmente stupido, e nell'umorismo, nel divertimento, nell'agio degli anglofili vedevo riflessa la mia nullità, la mia mancanza di idee e il mio disagio e nel tornare a casa, che bello tornare a casa, che poi non era la casa, era l'albergo dei Rolling Stones, mi era venuto da pensare che loro, gli anglofoni, in quella serata lì, avevano goduto di un potere linguistico che si rifletteva anche nelle loro opere letterarie, forse, e che io, in quella serata lì, ero stato vittima di un'insignificanza linguistica che si rifletteva anche nelle mie opere letterarie, forse, e avevo pensato che essere insignificanti secondo me era poi meglio.

Di chi è la colpa

Dopo una volta, nel maggio del 2013, è successo che è uscito un libro di Walter Veltroni, il politico che era stato, per diversi anni, responsabile della propaganda del Partito comunista italiano e che a un certo momento, dopo che il Partito comunista italiano aveva cambiato nome, lui era saltato fuori che non era mai stato comunista.

Ecco io quella cosa lì, che ormai, mi rendo conto, è una cosa vecchia, di dieci, quindici anni fa, ma io, quella cosa lì, devo dire, io per me è una cosa che, anche se sono passati quindici anni, o anche diciassette, magari, io non sono ancora riuscito a capirla, quella cosa lì, e ancora adesso, che sono passati quindici anni, o anche diciassette, o diciannove, se dovessi fare una domanda a Walter Veltroni gli chiederei «Ma davvero lei pensa che noi ci abbiamo creduto, quando ha detto di non essere mai stato comunista?». O forse anche no.

Non lo so perché non mi è mai capitato di trovarmi nella condizione di fare delle domande a Walter Veltroni, anche se mi è successo di sentire che altri gliele facessero, e l'ultima volta è successo nel mese di giugno del 2013 quando ho sentito, grazie all'archivio di Radio Radicale, la registrazione della presentazione romana, del 3 giugno del 2013, del libro di Veltroni *E se noi domani. L'Italia e la sinistra che vorrei.* E mi ha interessato così tanto, questa presentazione del libro di Veltroni, che ho scritto un pezzetto, che poi l'hanno pubblicato sul «Fatto quotidiano», che dicevo, in questo pezzetto, che presentavano il libro Sergio Chiamparino, Guglielmo Epifani, Eugenio Scalfari, Laura Boldrini e Walter Veltroni.

E che quando ha preso la parola Chiamparino io, che politicamente sono un po' ingenuo, pensavo che Chiamparino avrebbe chiesto a Veltroni «Ma davvero tu pensi che loro ci credano, quando dici di non essere mai stato comunista?», invece Chiamparino, che ha parlato per 10 minuti e 25 secondi, ha detto delle cose che io, che sono un po' digiuno di politica, le ho capite non tanto bene, parlava di sinistra, diceva che si tirano dei rigori col portiere legato, e vanno a finire sul palo, diceva «Noi siamo parte della soluzione ma siamo parte anche del problema», non voglio dilungarmi ma proprio non si capiva mica tanto bene, secondo me, passiamo a Epifani.

Epifani, che è stato presentato come segretario del Pd, cosa che all'epoca, nel giugno del 2013, era effettivamente, anche se non sembrava, io, che sono un po' ingenuo politicamente, credevo che avrebbe esordito dicendo a Veltroni «Ma davvero tu pensi che loro ci credano, quando dici di non essere mai stato comunista?»; invece Epifani, che ha parlato 9 minuti e 43 secondi, ha parlato dell'eterno presente, del progetto, cioè qualcosa in grado di orientare un destino comune, di una fatica smarrita, della paura che la crisi ingenera, non voglio dilungarmi ma proprio non si capiva tanto bene, passiamo a Scalfari.

Scalfari, io, che sono un po' ingenuo, politicamente, credevo che avrebbe esordito chiedendo, a Veltroni, «Ma davvero tu pensi che noi ci abbiamo creduto, quando hai detto di non essere mai stato comunista?», invece Scalfari ha esordito dicendo che lui, la prima volta che ha votato, nel 1946, al referendum monarchia-repubblica, ha votato a favore della monarchia, perché non voleva che il paese cadesse, come poi è avvenuto per quarant'anni, in mano ai preti. È andato poi avanti per 22 minuti e 42 secondi, Scalfari, che lui, devo dire, si capiva, quel che diceva, aveva un tono quieto e paziente, sembrava un insegnante ma di una materia non tanto appassionante, tipo di religione, che ripeteva per l'ennesima volta con grande pazienza una lezione che lui la conosceva a memoria e la classe, a sentirlo parlare, aveva delle reazioni stranissime, per esempio quando Scalfari diceva «Napolitano ha più inventiva dei giovani», la classe applaudiva, che io, che sono un po' digiuno, di politica, mi chiedevo il perché, e poi diceva un sacco di altre cose, Scalfari, e finiva dicendo «Se io devo votare un nuovo segretario, voto Veltroni» e la classe, anche lì, invece di chiedere «Ma davvero lei pensa che noi ci abbiamo creduto, quando Veltroni ha detto di non essere mai stato comunista?», loro, ancora, hanno applaudito.

Dopo ha parlato Laura Boldrini, che non avendola mai sentita parlare non mi aspettavo niente di particolare e non so, io forse politicamente sono un po' ingenuo mi ha colpito moltissimo una frase, di Laura Boldrini, quando ha detto «Io questo libro l'ho letto con gli occhi di una persona veramente giovane, nel suo ruolo politico, una cittadina consapevole che la società però l'ha sempre osservata con attenzione perché *ci ha lavorato dentro*» e ha calcato in un modo, la Boldrini, su *ci ha lavorato dentro*, che io ho pensato "Mo mama".

Dopo è andata avanti ancora un po', la Boldrini (in tutto 20 minuti e 30 secondi), alzando spesso la voce e dicendo varie cose che io, che sono politicamente un po' impreparato, e non sono né tanto giovane né tanto attento, non ho capito moltissimo, e poi dopo di lei ha parlato Walter Veltroni che ha parlato per 29 minuti e 42 secondi e quello che ha detto non l'ho mica ascoltato, ma non per cattiveria, per via del fatto che uno che è stato responsabile della propaganda del Partito comunista italiano e che dopo, quando il comunismo è fallito e il Partito comunista italiano ha cambiato nome, ha detto di non esser mai stato comunista, cosa volete ascoltarlo, uno così, cosa volete che possa dire, di sensato?

Ecco, quel che volevo dire è che magari sono io, magari è colpa mia, che non ascolto più Walter Veltroni, e anche il sindaco di Parma, solo che io, con tutte le mie imperfezioni, non mi sento di dire che è colpa solo mia, un po' secondo me è colpa anche di Walter Veltroni, e anche del sindaco di Parma, se io non l'ascolto, che magari faccio male, magari mi perdo delle idee bellissime e magari è colpa mia, solo che se lui, Veltroni (e anche il sindaco di Parma), se dopo esser stato responsabile della propaganda del Partito comunista italiano non diceva di non esser mai stato comunista, io magari l'ascoltavo ancora, diceva il mio pezzetto pubblicato sul «Fatto quotidiano» e il sindaco di Parma, per tornare a Parma, uguale, cioè uguale, quasi.

La luce

Una volta ero andato a Parma per andare a teatro ero arrivato col treno avevo un'ora di anticipo avevo fatto un giro a piedi e sul ponte delle Nazioni, vicino alla stazione, avevo visto un autobus, il numero otto, che era l'autobus che prendevo quand'ero un bambino, con i colori che aveva quand'ero un bambino e mi ero commosso.

Era un giorno che il giorno dopo, in stazione, mi era venuta in mente una cosa, che io non sono buono perché sono buono, io sono buono se, sono buono. Che sono buono quando son buono, e quando non son buono non sono buono. L'avevo scritto sul mio taccuino, verde, me lo ricordo ancora. Non so se si capisce.

Per via dell'autobus, comunque, io qualche mese dopo, mi ricordo, son stato a Modena a fare una cosa, e l'ho fatta, e sono tornato in stazione, ero quasi arrivato in stazione mi sono trovato di fronte un autobus, di Modena, con i colori degli autobus di Modena non mi ha fatto nessuna impressione.

Allora è per quello, credo.

Cioè le cose che succedono a Parma, non so, per esempio, il comune di Parma che scrive un comunicato che sopra c'è scritto:

> il Comune e Infomobility hanno messo in piedi ed organizzato un servizio dandone sempre il massimo risalto ma soprattutto ampliando l'offerta in termini temporali, di quella che fu sempre stata nel passato. La chiusura del periodo di ferragosto risulta il tempo minimo che veniva attuato anche nel passato ed il momento particolare non aiuta certo a disporre di maggiori finanziamenti per fare diversamente, anche se tutti gli sforzi verranno riposti per i prossimi mesi nelle pieghe del bilancio comunale. Il costo del deposito e della gestione non è infatti assolutamente coperto dai rimborsi richiesti ai cittadini, si conta una perdita annua di più di trentamila euro, ma questo non ha certo fermato l'attuale Amministrazione dal perpetuare ed ampliare, ove possibile, un servizio così utile e necessario,

una cosa del genere, a me, che son nato a Parma, anche se non ho mai votato per quelli che poi sono diventati amministratori di Parma, in passato, io son venuto su con l'idea che in quegli uffici lì c'era della gente che magari non la pensava come me, ma che era capace di lavorare, invece questi qua, poveretti, è come se avessero cambiato il colore degli autobus di Parma, come se avessero usato gli ultimi barattoli che erano rimasti nei magazzini, color trapassato remoto, che è un colore anche bello, sofisticato, solo non è molto adatto, per degli autobus che son sempre stati di un verdone bellissimo che a me mi fa venire in mente subito Parma, e il modo di parlare di Parma, che c'è la Battaglia che, pur essendo nata a Bologna, e pur essendo stata, nella sua vita, non più di una ventina di giorni a Parma, ha la erre di Parma, che è una cosa che a lei piace moltissimo e dice, la Battaglia, che lei quando sarà grande, adesso ha otto anni, studierà il francese, che deve studiare meno delle altre lingue perché lei una lettera la sa già, la erre francese, che, come si sa, è uguale alla erre di Parma, che noi parmigiani pensiamo che i francesi parlino un po' come noi e la erre di Parma ce l'ha un po' anche il sindaco, solo che il sindaco, io con il sindaco mi son preso male fin da subito, quando era ancora candidato sindaco che, da Bologna, o, meglio, da Casalecchio di Reno provavo a capire cosa diceva questo candidato sindaco di questo nuovo MoVimento di cittadini che si organizzano per conto loro che nella mia testa era una cosa anche bella, solo che poi.

Quando abitavo a Parma, mi piaceva moltissimo, certi pomeriggi, in quella luce lì che conoscono quelli che son stati a Parma, mi piaceva moltissimo quando qualcuno mi diceva «Ma taci», e io non avevo detto niente. Eran proprio discorsi che cominciavan così, certi pomeriggi: «Ma taci».

Il sindaco, io quando sono usciti questi politici nuovi, nel 2012, le prime volte che ne ho sentito parlare, c'era la campagna elettorale, la cosa principale che li differenziava dai loro avversari, politicamente parlando, cioè dai politici di centrodestra e di centrosinistra di Parma, era che i politici di centrodestra e di centrosinistra di Parma erano a favore dell'apertura di un inceneritore che era già stato quasi costruito e l'avrebbero aperto nel giro di pochi mesi, invece questi politici nuovi erano contro l'inceneritore e dicevano che, se fosse stato per loro, non l'avrebbero aperto, principalmente perché gli inceneritori, come si leggeva sul sito di un'associazione che si chiama Gcr, Gestione corretta rifiuti, che ha appoggiato questi politici nuovi e uno dei cui militanti è diventato poi l'assessore all'ambiente del comune di Parma, il motivo principale era che gli inceneritori fanno crescere la mortalità nei bambini, c'era scritto.

Dopo, il sindaco di Parma, subito dopo che è diventato sindaco di Parma ha detto che adesso doveva vedere le carte, che forse c'erano delle penali, che lui magari faceva un referendum, per decidere se si faceva o non si faceva l'inceneritore, e poi dopo, quando l'inceneritore l'han poi acceso, il sindaco ha detto che lui non l'aveva mai detto, che non si faceva l'inceneritore, ma questo è successo dopo ne parliamo magari poi dopo che prima, subito, nel 2012, quando cercavo di capire la politica dei rifiuti di questi politici nuovi io avevo pensato "Ammettendo che l'inceneritore non si faccia, il comune di Parma, finché non si arriverà (tra dieci anni? tra vent'anni?) all'auspicato e auspicabilissimo traguardo dei rifiuti zero, continuerà comunque a produrre rifiuti, e questi rifiuti, se non li bruceranno a Parma, dove li bruceranno?".

Ecco: il sindaco di Parma, se avesse risolto le difficoltà delle quali si era reso conto dopo essere diventato sindaco di Parma e fosse riuscito ad attuare questo punto centrale della sua campagna elettorale (prima o dopo, mi era venuto da chiedermi, del bike sharing?), in campagna elettorale lui diceva che i rifiuti di Parma lui li avrebbe mandati a bruciare in Olanda.

A chi gli aveva fatto notare che così, secondo le sue stesse teorie, sarebbe aumentata la mortalità dei bambini olandesi, il sindaco di Parma sembra abbia risposto «In Olanda non governo io».

A me, devo dire, un po' dispiaceva anche per i bambini olandesi, non solo per quelli di Parma (io, si sa, sono molto buono, di carattere), ma, a parte quello, non riuscivo a capire in che senso questo nuovo giro dei rifiuti che avrebbe prodotto, oltre a (trascurabili) costi più alti, sicuramente più inquinamento (tutti i camion e tutte le navi che avrebbero dovuto girare da Parma all'Olanda prima di arrivare, tra dieci anni? tra vent'anni?, all'auspicabilissimo traguardo dei rifiuti zero), io non riuscivo a capire, dicevo, in che senso, per tutti gli altri comuni che non fossero Parma, la scelta del sindaco di Parma sarebbe stata una scelta ecologica, e non lo so, forse sono io che non capisco molto bene, solo che questa cosa qui l'ho pubblicata un paio di volte su un giornale, l'ho detta in varie occasioni pubbliche, l'ho pubblicata su un ebook, l'ho detta in un servizio su Rai 3 in televisione, nessuno mi ha mai risposto. Cioè, mi hanno risposto, a dire il vero, ma mi hanno risposto in un modo che non sembrava neanche una risposta.

Anche a Torino

Una volta, nell'autunno del 2012, a Torino, alla Cavallerizza reale, dopo che avevo letto una cosa, una signora mi ha fatto il complimento più bello che mi abbian mai fatto nella mia vita.

Mi si è avvicinata, questa signora, e mi ha detto «Guardi, io ho studiato a Parma, ma lei, mi scuserà, non l'avevo mai sentita nominare. Ma quando l'ho vista, prima ancora che cominciasse a parlare, ho pensato: guarda, quello si vede da come cammina, che è di Parma».

I bambini con la testa grossa

No, secondo me, io, a parte il fatto che il sindaco, a me, da quando ho sentito quella cosa lì dei bambini olandesi, io col sindaco, non so, una volta, l'11 ottobre del 2012, con la troupe di una trasmissione televisiva siamo andati a riprendere il sindaco in un incontro che ha fatto al circolo Arci Fuori Orario di Taneto di Gattatico, tra Parma e Reggio Emilia, e io ho raccontato quella cosa lì dei bambini olandesi e ho detto che subito avrei voluto chiedere al sindaco «Ma a lei, non le dispiace, per i bambini olandesi?», però poi quando ho visto la sua faccia, ride sempre, il sindaco di Parma, sembra sempre così contento, così soddisfatto, che a vederlo, lì al Fuori Orario, a me è venuto da pensare a una frase di Čechov, alla fine di un racconto che si intitola *Uva spina*, che è un racconto dove il protagonista è contento del vino che fa dall'uva spina e questo, scrive Čechov, è il dramma più terribile, che un uomo sia contento della propria esistenza e io, a vedere la faccia del sindaco di Parma, al Fuori Orario, mi è venuto da pensare che al sindaco di Parma, io, non gli avrei più chiesto niente, neanche il modo di Socrate di esser filosofo in mezzo alla gente che tanto, lui, secondo me, con quella faccia lì, anche se mi rispondeva io non lo capivo, che a me, per esempio, piacciono i russi, e capisco Turgenev quando dice: «L'uomo russo è buono soprattutto per il fatto di avere di se stesso una pessima opinione», e invece quelli con quell'espressione lì che ha il sindaco di Parma faccio proprio fatica, mi era venuto da pensare l'11 ottobre del 2012 che è il giorno che comincia questo libretto, se vi ricordate, e il ragazzo di Piacenza con cui ho discusso del salame di Parma e di quello di Piacenza era l'operatore che io gli ho detto «Inquadra bene la faccia del sindaco», e il servizio l'abbiamo finito con una serie di primi piani del sindaco e della sua contentezza di sé e io intanto raccontavo dei bambini olandesi ed è stato un servizio che noi, alla fine, eravamo contenti, non di noi stessi, del servizio, che è una cosa diversa, mi sembra, ma comunque anche noi eravamo un po' in difetto perché eravamo contenti mentre invece io, devo dire, i momenti che sono contento son quelli che non sono, contento.

Che io, come devo avere già detto, sono di Parma, anche se magari, quando parlo, non si sente tantissimo, perché non ho la erre, la Battaglia l'altroieri mi ha chiesto «Ma te, la erre di Parma, perché te la sei tolta?», be', io, anche se non ho la erre di Parma io sono di Parma, e a Parma ci sono dei posti che mi son successe delle cose per esempio via Cavour, che è la via del passeggio, la via centrale di Parma dove i ragazzi, al sabato pomeriggio, fanno le vasche, che quand'ero un ragazzo le facevo anch'io e non lo so, perché li facevo, questi giri obbligati in centro che non mi piaceva non mi sembrava neanche di essere a Parma che per me, Parma, quand'ero piccolo, era solo il mio quartiere, certi giorni era solo il mio appartamento, adesso invece delle volte mi vien da pensar che l'Emilia, io quando sono in Emilia mi sembra di essere sempre a mio agio, mi sembra di essere sempre a Parma, mi sembra di essere sempre nel mio appartamento, come se avessi un appartamento, quanto sarà l'Emilia, centocinquanta chilometri per quaranta chilometri, come se avessi un appartamento di sei milioni di metri quadrati, e dentro questi sei milioni di metri quadrati c'è anche via Cavour, che in via Cavour io adesso, ma ormai da qualche anno, riesco a camminarci senza minimamente pensare che sono in via Cavour, che se l'avessi saputo quando ero piccolo, che avrei potuto camminare in via Cavour senza nessun imbarazzo, sarebbe stato un sollievo, che mi rendo conto sembra una cosa che non c'entra niente e invece secondo me c'entra, con il sindaco di Parma e con i politici in generale, che i politici, non solo quelli di Parma, anche quelli nazionali europei e mondiali, una cosa che io non invidio, ai politici, è che devono convincere gli altri che loro sono intelligenti, invece uno che fa il mio mestiere, uno forse pensa che chi scrive dei libri abbia un'idea alta, magari, di sé, della sua intelligenza, e può darsi che ci sia della gente anche così, e fanno benissimo, ma io mi ricordo, una quindicina di anni fa, avevo appena cominciato a scrivere, io mi ricordo ero a Parma, in via Cavour, in mezzo alla gente, avevo sentito uno che diceva «Oh, deficiente!», e mi ero voltato convinto che chiamasse me, e quello lì è stato un momento che io son stato contento, che all'inizio subito non capivo come mai, questa contentezza nel momento in cui mi rendevo conto di avere un'autostima, se così si può dire, ai minimi storici, dopo a pensarci ho pensato che scrivere, per me, io per mettermi a scrivere, ero già grande, avevo più di trent'anni, per provare a scrivere io avevo dato le dimissioni da un lavoro normale, facevo il responsabile amministrativo di una joint venture franco-italiana che lavorava al metanodotto Artère du midi, nel sud della Francia, e ero nel mondo, dentro un organigramma, avevo il mio ruolo preciso, ero lì, a metà strada, impegnato a salire, e scrivere, per me, aveva voluto dire uscire dall'organigramma, venirne fuori, rifiutare l'idea che dovevo sforzarmi per essere più bravo, più furbo, più ricco degli altri, e per me scrivere voleva anche dire, in un certo senso, avere la patente del deficiente, per questo ero contento quando mi ero girato a sentire dire «Oh, deficiente», e devo dire che, a distanza di anni, sono ancora convinto che, se uno non si compiace troppo, della propria deficienza, la consapevolezza della propria deficienza è una cosa buona.

Il discrimine (o un discrimine) è forse proprio quello: rendersi conto della propria deficienza o non rendersene conto. Che essere intelligenti, secondo me, io non so se ne esistono, di persone intelligenti.

E quando vedo che la Battaglia, ogni tanto, fa fatica, a stare al mondo, a me vien da pensare a una cosa che ha scritto una volta Viktor Šklovskij, che ha scritto che «i bambini con la testa grossa nascono con molta difficoltà» e però poi, magari, alla fine, quando diventano vecchi, intanto camminare per via Cavour senza nessun imbarazzo già quello è un sollievo, e poi sulla deficienza bisogna fare un discorso un po' articolato lo facciamo magari nel prossimo capitolo questo capitolo lo voglio finire con un cartello che la Battaglia ha messo sulla porta della sua stanza che sopra c'è scritto «Ristorante la Battaglia, si preparano soprattutto dolci».

Birkenau

Una cosa che mi è successa, intanto che scrivevo questo libretto, nel marzo del 2013, è che sono andato a Birkenau. Adesso io, mi rendo conto che può sembrare strano, prima Genova, poi Siena, poi Tallinn, poi Torino, adesso anche Birkenau, "Cosa c'entra?", potreste pensare, ecco io non lo so, cosa c'entra, ho l'impressione che c'entri ma non sono sicuro sicuro; secondo me c'entra con la situazione di quelli che fanno i politici, e forse c'entra anche con Parma e, in generale, coi posti che conosciamo bene, o che crediamo di conoscere bene, mi sembra, ma non sono sicuro, comunque proviamo.

Allora: io, da qualche anno, una volta all'anno vado ad Auschwitz e a Birkenau con seicento studenti dell'ultimo anno delle scuole superiori della provincia di Modena con un treno organizzato dalla fondazione Fossoli che è il campo di concentramento che c'è vicino a Carpi e dal quale partivano i treni per i campi del nord Europa, anche se io, dei campi di sterminio, per quarant'anni non ne ho voluto sapere, quando vedevo un libro che aveva in copertina dei fili spinati mi veniva, fisicamente, da voltare le spalle, e quando poi ci son stato, la prima volta che sono entrato a Birkenau, dopo che una guida, senza nessuna enfasi, ci aveva raccontato com'era organizzato il campo, e da dove arrivavano i deportati, e dove si fermavano, e le strade che prendevano, la maggior parte verso le camere a gas, gli altri verso le baracche, dopo che avevamo visto le foto dei deportati in divisa, quella famosa, a strisce, con i triangoli di colori diversi a seconda delle categorie, dopo che avevamo visto i forni crematori, che erano gli strumenti per lo smaltimento dei rifiuti, in un certo senso, dopo che avevi in testa tutta questa metafisica dell'orrore, che Birkenau, non Auschwitz, Birkenau, aveva una cosa stranissima, che visto da fuori poteva essere qualsiasi cosa, una fabbrica, una fattoria modello, un villaggio vacanze, e aveva un ordine, una specie di incanto geometrico, tedesco, anche nel nome, Birkenau, che dava ai sensi l'idea di qualcosa di leggero, di pulito, di buono, e invece era Birkenau, dopo tutte queste cose, la prima volta che ero stato a Birkenau io a un certo punto mi ero trovato davanti a un muro con le fotografie dei deportati, non quelle fatte nel campo con la divisa a righe, quelle che si erano portati loro da casa, fotografie della vita di prima, e mi ero accorto che quella gente lì era della gente normale, che fumavan la pipa, che andavano al mare, che stavano sopra le sdraio con degli accappatoi bianchi, che guardavano in macchina trattenendo un sorriso, che facevano il bagno nel fiume con i mutandoni, che andavano a cavallo, sulle altalene, che si vestivano bene per andar dal fotografo, e lì, allora, mi era venuto l'impulso di voltare le spalle, che in quelle cose normali, banali, la pipa, le altalene, avevo ritrovato le cose normali, banali, di casa mia, e mi eran venute in mente tre cose, uno scrittore francese, Georges Perec, il cui padre Icek Perec, ebreo polacco, era morto in guerra e la cui madre Cyrla Szulewicz, ebrea polacca, era morta ad Auschwitz, e una volta aveva scritto, Perec: «Il tempo che passa (la mia Storia) deposita residui che si accumulano: foto, disegni, feltri di pennarello da tempo asciugati, cartelline, vuoti a perdere e vuoti a rendere, imballaggi di sigari, scatole, gomme, cartoline, libri, polvere e soprammobili: ed è quel che io chiamo la mia fortuna», aveva scritto Perec, e mi è tornato in mente a Birkenau, e poi mi è tornata in mente mia mamma, che una volta, eravamo a casa sua a Basilicanova, in provincia di Parma, e lei aveva una scatola di latta di quelle grosse, che ci si tenevano dentro i biscotti, e era piena di bottoni, e io le avevo chiesto, un po' prendendola in giro, a me ogni tanto mia mamma mi viene da prenderla in giro, «Hai un po' di bottoni?», le avevo chiesto, e lei mi aveva guardato mi aveva risposto, seria, «C'è tutta la storia della nostra famiglia, in quella scatola lì», e io mi ero sentito così coglione, e avevo pensato che era vero, che quei bottoni lì, se avessero potuto parlare, avrebbero raccontato tutta la storia della nostra famiglia, e questa era la seconda cosa che mi era venuta in mente a Birkenau, e la terza e ultima cosa che mi viene in mente, che non mi era venuta in mente allora nel 2009 perché allora ancora non c'era mi viene in mente adesso nel 2013 nel momento in cui scrivo questa cosa, la terza cosa è un film di Nico Guidetti e Matthias Durchfeld che si intitola *Il violino di Cervarolo* e che racconta del processo, che c'è stato recentemente, a Verona, nel 2012, per la strage di Cervarolo del 20 marzo del 1944, quando 24 persone furono messe in fila sull'aia di quel paesino dell'appennino reggiano e uccise dai nazisti.

Una signora, che all'epoca era una bambina e che, in previsione del pericolo, era stata mandata via da Cervarolo, racconta al processo di quando è tornata e, dopo che il corpo del padre era stato riesumato, avendolo trovato in avanzato stato di decomposizione, non sapendo come fare altrimenti, l'ha riconosciuto da un bottone. E ai giudici ha detto tirando fuori il borsellino «Ce l'ho qui, quel bottone».

Ecco.

Noi tutti crediamo di sapere cos'è un bottone, ma di fronte a quel bottone, ecco, quel bottone non era un bottone, era un bottone che se avesse potuto parlare, ci avrebbe raccontato la nostra storia, e la storia straordinaria di quel bottone, se noi fossimo stati lì in quell'aria di tribunale di Verona, nel 2012, noi tutti credo, ci saremmo piegati su quel bottone non come degli esperti di bottoni, non come della gente che sa benissimo cosa sono i bottoni, ma come della gente che, alla vista di un bottone, sgrana gli occhi come se non avesse mai visto un bottone in vita sua.

Ci saremmo comportati, lasciatemelo dire, come dei deficienti.

E, forse sono io, ma mi vien quasi da dire che io, nella mia vita, i momenti che mi comporto da deficiente, sono i momenti che son più intelligente, anche se poi, non so, per esempio, io una volta ogni due mesi, devo pulire le scale del mio palazzo.

Venti minuti, scopo e passo lo straccio, a me piace molto passare lo straccio e di solito, quando pulisco le scale, mi vien da pensare a una volta, quattordici anni fa, quando avevo appena firmato il primo contratto con Einaudi, e ero appena venuto a abitare a Bologna, e ogni tanto lavavo i piatti, e una volta che lavavo i piatti mi ricordo avevo pensato "Guardalo qua, uno che sta per pubblicare per Einaudi, guardalo qua a lavare i piatti. Che umiltà", avevo pensato (l'ho anche già scritta, questa cosa). Poi mi ero fermato nel mio lavaggio dei piatti e avevo pensato "Ma sei deficiente?".

Ecco: in quel momento lì, non ero stato particolarmente intelligente, nel mio comportamento da deficiente, e adesso, non che pensi così, però tutte le volte che son dietro a lavare le scale ho sottotraccia dentro al cervello una specie di benessere che viene da due cose, credo, la prima cosa che mi vien da pensare è che io, che sono uno che ogni tanto pubblica anche per Einaudi, una volta ogni due mesi prendo la scopa e lo straccio e mi metto a pulire le scale di casa mia. "Che umiltà", penso. Cioè non è che lo pensi, ce l'ho un po' lì, sottotraccia, e un po' lì sottotraccia appena dietro resta l'altro pensiero: "Ma sei deficiente?". E c'è una specie di doppio compiacimento, prima di essere umile, e poi di essere deficiente.

Però, devo dire, quei momenti lì che guardi le cose con quell'avidità lì del deficiente, cioè le guardi come se le vedessi per la prima volta, come se non avessi mai visto un bottone, ecco quella cosa lì a me è successa anche a Birkenau, quando per esempio, durante la cerimonia ufficiale, il 26 gennaio del 2009, i primi che si sono avvicinati al monumento che c'è alla fine del viale di Birkenau, per deporre le loro corone di fiori, era un gruppetto di dieci-dodici ex deportati, dei vecchietti, e delle vecchiette, con i fazzoletti bianco-azzurri al collo, e uno camminava con le stampelle, e facevan fatica, e uno ha fatto cadere il lumino che aveva, e a me è venuto da pensare che bisognava far delle fotografie a quelle facce lì e metterle negli uffici pubblici al posto delle foto dei presidenti della repubblica, secondo me.

E quando poi, tra tutte le altre delegazioni ufficiali degli stati che si son succedute, rappresentanti dei paesi che hanno avuto delle vittime ad Auschwitz, armeni, croati, ungheresi, francesi, slovacchi, maltesi, cechi, serbi, svedesi, tedeschi, sloveni e altri ancora (l'Italia non era rappresentata), si sono avvicinati due signori, rappresentanti del popolo rom, che avevan due cappelli a tesa larga, come si dice, un po' da cowboy, e uno dei due aveva il pizzetto e il codino, e un'aria un po' da puttaniere, e uno si immaginava una Mercedes un po' impolverata che l'aspettava fuori, e vedere la proprietà con la quale quei due stavan lì dentro, era una cosa che riempiva gli occhi, e non ti stancavi mai di guardarli, come se non avessi mai visto in vita tua dei bottoni.

E una volta, sempre nel 2009, quando ero uscito dalla sauna di Birkenau, che è quel posto dove ci sono le fotografie, e avevo guardato lontano, fuori dai confini del campo, avevo visto una casa, che sembrava recente, costruita al massimo negli anni sessanta, e avevo pensato "Ma questa gente qua come fa, a vivere qui?", e dopo, uscito dal campo, era passato un autobus, polacco, pieno di polacchi, com'è naturale, che abitavano lì, e che usavan quell'autobus per andare a casa, o per andare in città, e mi guardavano, e io li guardavo, e mi sembrava stranissima, la loro tranquillità: passavan davanti a Birkenau come se niente fosse, come se fosse un paesaggio abituale, come se loro lo sapessero benissimo, cosa sono i bottoni.

E il giorno dopo, quando siamo tornati a Birkenau dopo essere stati ad Auschwitz, ad Auschwitz uno, che è tutto diverso, è un museo, un museo dove mi era successo ancora di voltare le spalle dopo che la nostra guida polacca ci aveva indicato una specie di baldacchino di legno e ci aveva detto, in ottimo italiano, e con un tono deciso che tradiva una certa soddisfazione, che l'ex direttore nazista del campo, Rudolf Franz Höss, dopo essere stato arrestato in Germania, dove si era nascosto sotto falso nome, era stato trasferito in Polonia e lì processato e condannato all'impiccagione, e la sentenza era stata eseguita ad Auschwitz ed era stata costruita appositamente una forca «che è quella lì», ci aveva detto la nostra guida indicando il baldacchino, che non era però quello originale, era rifatto, ecco quel pomeriggio, quando siamo tornati poi a Birkenau, nel 2009, io mi sono trovato a entrare nel campo di Birkenau parlando di letteratura italiana con Andrea Bajani e senza far caso per niente al posto in cui eravamo, l'avevo visto il giorno prima e era già un paesaggio abituale, mi comportavo come se lo sapessi benissimo, cosa sono i bottoni, ero già fin troppo esperto, di Birkenau, dopo un giorno, io che il giorno prima mi meravigliavo dei polacchi.

E allora, non lo so, io penso che, è difficile, ma a me sembra che sarebbe una gran cosa riuscire a guardare le cose con quell'attenzione lì, da deficienti, come se le si vedesse per la prima volta, senza ostentare una conoscenza e una sapienza che invece mi sembra che c'è un sacco di gente che recitan la parte che il loro mestiere è far sapere agli altri che loro son bravi, e mi sembra che siano lontanissimi dalla comprensione di un fatto che a me sembra evidente, che essere bravi è il modo peggiore, per essere bravi.

Una volta, in un suo articolo che si intitola *Vergogna*, Lev Tolstoj si chiede «Ma perché denudare degli uomini, gettarli a terra e colpirli sulla schiena con le verghe, e colpirli ancora sulle natiche nude? Perché ricorrere a questo metodo stupido e barbaro piuttosto che a un altro, per causare dolore a un uomo? Per esempio, perché non gli si conficcano degli aghi nelle spalle o in un'altra parte del corpo, perché non gli si serrano in ceppi le mani o i piedi, o non si inventa qualche altro sistema analogo?».

Questa pratica descritta da Tolstoj era molto comune in Russia, alla sua epoca. Denudare degli uomini, gettarli a terra, e colpirli sulla schiena con le verghe, e poi colpirli sulle natiche nude, corrispondeva alla pratica della fustigazione, che era una pena accessoria al carcere e era una pena che qualsiasi padrone poteva comminare, senza processo, ai propri servi, e l'ottanta per cento della popolazione russa, all'epoca, era in stato di servitù della gleba, erano schiavi, e il dibattito sulla liceità della fustigazione era molto acceso, come si dice, e se Tolstoj avesse detto «Perché fustigare degli uomini?», tutti avrebbero capito di cosa si trattava, ma la fustigazione, la cosa in sé, sarebbe passata davanti ai lettori come imballata.

Ognuno avrebbe richiamato il proprio concetto di fustigazione, avrebbe magari ricordato le discussioni sulla liceità di fustigare i servi della gleba, avrebbe ricordato la propria opinione in proposito e avrebbe pensato «Ecco vedi, Tolstoj, rispetto alla fustigazione la pensa così».

Invece Tolstoj, facendosi stupido, o deficiente, guardando alla fustigazione come se non la conoscesse, come se la vedesse per la prima volta, vedendo nei fustigati non dei fustigati ma degli uomini denudati, gettati a terra, colpiti sulla schiena con le verghe e poi colpiti sulle natiche nude, Tolstoj risuscita, nei suoi lettori, la fustigazione, gliela rende sensibile, gliela fa vedere come se fosse nuova, gliela toglie dall'imballaggio, e il lettore non ha tempo di pensare alle sue convinzioni, ai dibattiti che ha sentito, ha gli occhi pieni di questi uomini denudati, gettati a terra e colpiti sulla schiena con le verghe e colpiti ancora sulle natiche nude.

Ecco questo procedimento, che il critico russo Šklovskij ha definito «straniamento», consiste nel descrivere le cose come se le si vedesse per la prima volta e a pensarci è vero, Tolstoj, in quel pezzo lì sulla fustigazione, è come se non conoscesse nemmeno il concetto di fustigazione, e allora è necessario descriverlo, farlo saltar fuori, guardare questo processo con stupore, e scrivere, in fondo, secondo me, può esser forse semplicemente quello, farsi crescere dentro la pancia una piccola macchina per lo stupore, e questo procedimento, dicevo, lo straniamento, vedere le cose come se le si vedesse per la prima volta, fare finta di non conoscerle, non è solo una strategia letteraria, è una cosa che funziona anche nella vita di tutti i giorni.

C'è una canzone di Enzo Jannacci dove l'io narrante, quello che parla, è un babbo che si rivolge a suo figlio adolescente e gli dice «Oh, son tuo babbo, non son mica un mobile» e c'è un'altra canzone di Jannacci dove ci sono due strofe, una che dice «Mi guardi come si guarda un parente», l'altra che dice «Mi guardi come si guarda un cugino».

Ecco a me, e, credo, anche a voi che leggete, ammesso che ci sia qualcuno che legge, è successo molte volte di girare intorno ai miei famigliari come se fossero dei mobili, delle rotatorie, come se avessero un imballaggio, di riconoscerli senza vederli, di guardarli come si guardano i parenti eppure ogni tanto, mi ricordo in particolare una volta, io ho vissuto per un po' di anni insieme a mia nonna, e mia nonna una volta è entrata all'improvviso nella stanza dov'ero a studiare, io non me l'aspettavo, l'ho vista d'un tratto senza imballaggio da nonna e mi sono accorto che era una donna, che le scorreva il sangue nelle vene e è stato un momento memorabile, ho visto mia nonna come se la vedessi per la prima volta, non come se guardassi un parente, come se non l'avessi mai vista, e mi viene in mente uno scrittore emiliano che racconta quando gli è successa questa cosa con suo babbo, che ha visto suo babbo per la prima volta, ma questo lo racconto nel prossimo capitolo, per finire invece questo capitolo volevo dire ancora tre cose.

Quand'ero un ragazzo, che avevo forse quattordici o quindici anni, a me piaceva disegnare, e avevo comprato una di quelle dispense che vendono in edicola, un corso di disegno, di quelle cose che si comprano sempre solo i primi numeri, e difatti io avevo comprato solo i primi due numeri, e nel primo numero, mi ricordo, io mi immaginavo che mi avrebbero insegnato la tecnica, il chiaroscuro, le ombre, quella roba lì, e infatti insegnavano anche quella roba lì, ma prima, la prima cosa che c'era scritto, era il fatto che sì, avrebbero insegnato la tecnica il chiaroscuro eccetera eccetera ma soprattutto, dicevano loro, quello che volevano insegnare a quelli che avrebbero fatto quel corso, sarebbe stata la cosa più difficile da fare, per imparare a disegnare, e, secondo loro, la cosa più difficile da fare, per imparare a disegnare, era guardare.

Allora io in quel momento lì mi ero sentito imbrogliato. "Guardare? – avevo pensato con un tono anche un po' come se fossi offeso, – ma io son capace, di guardare", solo che poi, ero andato avanti a leggere, loro mi proponevano di fare una prova, quelli che avevano scritto quel manuale di disegno.

«Provate a pensare a una persona che vedete spesso e che non è con voi in questo momento – scrivevano, – provate a pensare alla sua testa, che forma ha? È più ovale o tonda? La linea delle orecchie è sopra o sotto quella delle sopracciglia? Che distanza c'è tra l'attaccatura dei capelli e la radice del naso? E tra il naso e il labbro superiore? Gli occhi ce li ha distanziati o ravvicinati?» Ecco. Io avevo pensato al mio compagno di banco, all'istituto tecnico Macedonio Melloni di Parma, che si chiama Bruno Pelosi, e non avrei saputo rispondere a nessuna di queste domande. Avrei saputo soltanto dire che Bruno era biondo e aveva gli occhi azzurri. Ero così convinto di sapere com'era, il mio compagno di banco, Bruno Pelosi, che non lo guardavo: Bruno Pelosi mi stava di fianco, tutti i giorni, nel suo imballaggio da compagno di banco. E il giorno dopo, l'avevo guardato, avevo visto Bruno Pelosi. L'avevo visto fuori dall'imballaggio, e aveva gli occhi molto ravvicinati, forse è la persona con gli occhi più ravvicinati che abbia conosciuto in vita mia, ma forse no, che c'è una bibliotecaria, in provincia di Milano, che ho conosciuto qualche settimana fa, che secondo me ha gli occhi ancora più ravvicinati.

Ecco questa cosa, di esser così convinti di conoscere una cosa che si smette di guardarla, non succede soltanto coi compagni di banco, o con i parenti, succede anche con le cose che si studiano.

Io, per esempio, e questa è la seconda cosa che volevo dire, quando facevo la tesi, ho fatto la tesi su Velimir Chlebnikov, che Dio lo benedica, che è un poeta russo che una sua poesia comincia così: «Le ragazze, quelle che camminano, / con stivali di occhi neri, / sui fiori del mio cuore», e io quando facevo la tesi mi consideravo un esperto di Chlebnikov e se sentivo qualcun altro che parlava di Chlebnikov non lo stavo mica a sentire. Cercavo di interromperlo subito, e se continuava mi veniva proprio l'istinto fisico di andare via e intanto pensavo "Come si permette, questo qua, di parlare di Chlebnikov, che l'esperto di Chlebnikov sono io?". Cioè a me, dopo che avevo studiato le cose di Chlebnikov per qualche mese, mi eran cresciuti come dei paraurti retrattili davanti e didietro che saltavano fuori ogni volta che veniva fuori l'argomento Chlebnikov e che mi impedivano di avvicinarmi e di imparare di più; ero talmente convinto di saperne, su Chlebnikov, che su questo argomento ero diventato cieco, e sordo, non muto, che ne parlavo continuamente anche a della gente che, poveretti, la poesia d'avanguardia dei primi anni del novecento nella Russia presovietica e sovietica non era stranamente un argomento che li appassionava; cioè io, all'epoca, quando facevo la tesi su Chlebnikov, con tutto che è stato un periodo bellissimo, che avere a che fare con i testi di Chlebnikov secondo me è una fortuna e un privilegio, e prima che nascesse mia figlia io ho sempre pensato che quello è stato il momento più bello della mia vita, ecco, nonostante tutte queste cose belle, io ero un deficiente, ma non un deficiente di quella deficienza bella di uno che ha rinunciato a essere intelligente, no, lì era una deficienza brutta che dipendeva dal fatto che io pensavo di esser molto intelligente e la mia convinzione di essere molto intelligente e molto colto e molto preparato mi impediva di vedere le cose.

Invece guardare il mondo come se non lo si conoscesse, poterlo guardare come deficienti, con gli occhi del deficiente che vive dentro di noi, dimenticarsi le cose che si sanno, recitare la parte di quello che non sa niente e far funzionare quella macchina dello stupore che abbiamo dentro la pancia, ecco queste son tutte cose che, per quel che capisco io della politica, i politici non possono fare e, non so come dire, mi dispiace per loro, e contemporaneamente mi viene in mente una cosa che ha scritto lo scrittore americano Kurt Vonnegut, che sarebbe poi questa cosa qua: «C'è un tragico difetto nella nostra preziosa Costituzione, e non so come vi si possa rimediare. È questo: solo gli scoppiati vogliono candidarsi alla presidenza. Ed era così già alle superiori. Solo gli alunni più palesemente disturbati si proponevano per fare i rappresentanti di classe», ha scritto Vonnegut, e, per finire con Auschwitz e con questo capitolo, finisco con la terza cosa che è una cosa che è successa qualche anno fa a Chieti, quando il presidente della provincia ha promosso una campagna per l'impiego che aveva questo slogan: «Il lavoro rende liberi».

Il depliant che pubblicizzava questa campagna aveva una nota del presidente che diceva «Non è una frase mia, non mi ricordo dove l'ho sentita, l'ho sentita da qualche parte e mi è piaciuta moltissimo e credo che sia proprio d'attualità».

Quando gli han fatto notare che era la frase che era scritta sui cancelli di Auschwitz, lui ha detto «Ah, ecco, dove l'avevo sentita».

E comunque si è rifiutato di chiedere scusa perché secondo lui, quella frase lì, al di là del fatto di Auschwitz, secondo lui era proprio una bella frase. Ecco. Volevo dir quello.

La Certosa di Parma

Uno scrittore di Modena che si chiama Antonio Delfini ha visto suo babbo per la prima volta quando suo babbo era già morto, ed era più giovane di lui, e questa cosa stupefacente la racconta in un libro stranissimo che si intitola *Modena 1831. Città della Chartreuse* dove dice tra le altre cose che il protagonista della *Certosa di Parma*, Fabrizio del Dongo, non era, in realtà, un parmigiano, era un modenese, anzi, un carpigiano, anzi, uno di Migliarina, Ciro Menotti.

Ecco questa cosa qua a me mi colpisce perché un po' di tempo fa, ormai saran vent'anni fa, mi trovavo a Mosca, sulla piazza Rossa, c'era della gente che con una gita organizzata stavano per visitare le chiese del cremlino, con una guida russa, io ho chiesto se mi potevo unire, «Certo – mi ha detto la guida, – di dov'è lei?».

«Sono italiano.»

«Sì ma, italiano di dove?»

«Italiano di Parma.»

«Ah, Parma, che città meravigliosa», mi ha detto la guida.

«Ah, le ho detto io, c'è stata?»

«No – mi ha detto lei, – ma ho letto *La Certosa di Parma*», ha detto.

Ecco, la cosa strana è che, a andarci a vedere, c'è un saggio di Magnani, sulla *Certosa di Parma*, dove si vede che Stendhal, la vicenda storica dalla quale trae spunto, è una vicenda romana, e che lui la voleva collocare in un piccolo stato, perché era un diplomatico e non voleva aver guai con degli stati grandi, e andavan bene sia Modena che Lucca che Parma, solo che Modena e Lucca secondo lui poi i duchi di Modena e Lucca magari s'arrabbiavano, invece Parma andava bene perché era uno staterello che contava poco e a Parma c'era la duchessa Maria Luigia che lui, Stendhal, che era devoto a Napoleone, la chiamava *la femme de ménage*, se non ricordo male, e non la poteva sopportare perché aveva ripudiato suo marito dopo che era caduto in disgrazia. Difatti, andare a leggere il romanzo, Parma sembra il buco del culo del mondo, un posto con dei governanti ignoranti, corrotti, dove non succede mai niente, il regno della noia, dell'ignoranza e dell'ipocrisia e una cosa bellissima è che oggi, passati quasi duecento anni, quel romanzo lì è una delle principali glorie di Parma nel mondo e l'albergo più lussuoso di Parma si chiama Hotel Stendhal, o perlomeno così si è chiamato per molti anni adesso ultimamente ne han fatti dei nuovi che son più lussuosi di lui. Ancora più incredibile mi sembra il fatto che uno di Modena dica «No, quel posto lì descritto da Stendhal, quel posto schifoso lì, non è Parma, è Modena», ma Delfini era bello per quello, che era un marziano, e in quel libro lì, *Modena 1831. Città della Chartreuse* c'è una cosa, subito all'inizio, che la copio qua sotto, è brevissima, e fa così:

> Il giorno 7 febbraio venivo chiamato al telefono. Mi si diceva che la Mamma era gravissima. Invece era morta la sera prima.
>
> La sera del giorno 6 ero stato in trattoria con due cittadini di quella città alla quale avevo inteso, e intendevo, portar via il romanzo per cui va celebre in tutto il mondo.
>
> Durante il viaggio, sul treno che mi portava a Modena, il mio pensiero non esisteva più. La mia testa era imbottita, oltre che di dolore, dell'immagine e delle immagini di Colei che era stata la mia Mamma, di Colei che mi aveva insegnato nella vita esserci una sola cosa che abbia valore: la Grazia. [...]
>
> La Mamma era stata, oltre che mia madre, la cugina più vicina della mia parentela. Essa era stata la mia sola vera Fidanzata. Avrei dovuto e voluto essere il Suo custode. Se ho sempre mancato al mio dovere,

> niente di male per Lei. Il Suo custode fu sempre presente in Lei stessa. C'era del resto Chi L'aspettava. Il papà, morto il 28 giugno 1909, la stava aspettando da 53 anni. Sorridente, dolce, scanzonato, aspettava la Mamma. Intatto nel viso, nel corpo, nella barba, nei capelli (così come risultò all'apertura della cassa, nel cimitero di Modena, la mattina del 10 febbraio 1962, davanti a me e al mio giovane e carissimo cugino Paolo Tardini e al direttore del cimitero) egli si lasciò vedere da me per la prima volta nella mia vita. Non avevo mai avuto un ricordo visivo di lui. Lui, mio padre, aveva 33 anni; e io, suo figlio, cinquantaquattro. Unico al mondo, io credo, ho visto per la prima volta il papà: lui, in età di un mio figlio; io, in età di suo padre!

Ecco, io non so voi come la pensate; per conto mio, uno che scrive delle cose così può anche dire che Pierre Bezuchov, il protagonista di *Guerra e pace*, è di Sassuolo, va bene lo stesso, oppure non va bene, non so, però va bene lo stesso, secondo me.

La gente

Io l'impressione che ho è che la gente, anche i sindaci di Parma, uno di loro si fa un'idea sulla base delle prime cose che sente, e che vede, e poi è quella idea lì che lo guida, nella lettura di quel personaggio lì, qualsiasi mestiere faccia, anche il sindaco di Parma. Allora io, con il sindaco di Parma, le prime tre cose che mi ricordo di avere saputo, di quello lì che temporaneamente è sindaco di Parma, la prima è stata quell'intervista del modo di esser filosofo in mezzo alla gente, del gabbiano Jonathan Livingston e del bike sharing, la seconda è stata quella cosa dei bambini olandesi, la terza è stata un'intervista che il temporaneo sindaco di Parma ha dato al settimanale «Chi» nel mese di luglio del 2012. In quell'intervista lì il sindaco di Parma aveva detto che lui non avrebbe più dato interviste ai giornali. Anche perché, si leggeva sul settimanale «Chi», glielo aveva proibito sua moglie, e gli aveva anche proibito di farsi fotografare. «Non sei mica Marilyn», sembra avesse detto la moglie del sindaco di Parma al sindaco di Parma. «Queste sono le ultime fotografie che faccio», aveva detto il sindaco di Parma intanto che si faceva fotografare, stando al settimanale «Chi». E stando al settimanale «Chi» il sindaco di Parma era reduce, in quel momento lì, nel luglio del 2012, da una delle prime uscite da sindaco di Parma, un incontro con dei bambini delle elementari, nel corso del quale si era rivolto a loro dicendo «Restate semplici e date importanza alle piccole cose». Che io, quando avevo sentito questa cosa qua, avevo pensato che io, quando incontro un bambino che fa le elementari, e con una figlia che fa le elementari ogni tanto mi succede, quando incontro dei bambini delle elementari io di solito gli dico «Ciao». O «Buongiorno». Ecco. Il sindaco di Parma, quando incontra dei bambini delle elementari, gli dice «Restate semplici e date importanza alle piccole cose». Dicono che è la politica nuova, avevo pensato. Ci siamo abituati alla vecchia, ci abitueremo anche a questa, avevo pensato, anche se, al primo impatto, con questi politici nuovi, a me era venuto da pensare a mio nipote, ho un nipote che ha sette anni che quando ha cominciato a scrivere e a leggere suo babbo, che è mio fratello, gli ha aperto una pagina del libro di lettura dove c'era disegnata una pera e poi c'era scritto «Pera». Poi sotto c'era disegnata una mela e poi c'era scritto «Mela». Poi sotto c'era disegnato un faro e poi c'era scritto «Faro». Allora mio fratello ha indicato a suo figlio il punto dove c'era scritto «Pera» e gli ha chiesto «Lorenzo (si chiama Lorenzo, mio nipote), cosa c'è scritto qui?».

E Lorenzo ha risposto «Pera».

«Bravo» gli ha detto mio fratello, e poi gli ha indicato il punto dove c'era scritto «Mela» e gli ha chiesto «E qui, cosa c'è scritto?».

«Mela», ha detto Lorenzo.

«Bravo», gli ha detto mio fratello, e poi gli ha indicato il punto dove c'era scritto «Faro» e gli ha chiesto «E qui, cosa c'è scritto?».

«Semaforo», ha detto Lorenzo.

Ecco, io, ne so poco, ma ci son delle cose che mi fan venire il dubbio che i politici nuovi, qualcuno, di loro, quando c'è scritto faro, loro leggon semaforo. Dopo, in generale, non solo nel caso del sindaco di Parma, nel caso di tutti i politici, a me, ma sarò io, eh?, il fatto che un politico si rivolga ai bambini e gli dica quello che devono essere, o le cose alle quali devono dare importanza, io non lo so, che testa ha, uno che si comporta così. «Restate semplici e date importanza alle piccole cose.» Non gli ha mica detto niente di male, ma io, ma sarò io, eh?, continuo a pensare che se gli diceva «Buongiorno» secondo me era meglio, e mi vien da pensare che questa diffidenza che ho nei confronti dei politici che parlano ai bambini delle elementari dipende da un fatto che mi è successo a me quando facevo le elementari che ne ho parlato l'inverno scorso quando mi avevano invitato a un convegno, a Reggio Emilia, che si parlava della scuola e dei diritti dei bambini e avevo provato a ragionare proprio di queste cose solo che era un ragionamento un po' lungo e io, un'altra cosa che non mi piace molto, dentro nei libri, sono i capitoli troppo lunghi, devo dire.

Una femmina

L'inverno scorso sono andato a un convegno, a Reggio Emilia, dove si parlava di scuola e di diritti dei bambini e io, che non ne so tanto, di scuola e di diritti dei bambini, ho pensato che avrei letto due favole, avevo scritto un libro di favole, per bambini, e mi sembrava che me la sarei cavata così.

Solo che poi il giorno prima mi avevan detto che dovevo parlare mezz'ora, e io, parlare mezz'ora, altro che due favole, lì bisognava inventarsi qualcosa, cioè più che inventarsi, con così poco tempo, improvvisare, e allora avevo preso su un paio di libri in più, rispetto a quello lì delle favole che comunque l'avevo portato con me e una favola poi dopo alla fine l'avevo letta anche se non è stato quello, il centro del mio intervento.

Il centro del mio intervento non saprei dire bene, qual è stato, perché quando sono andato sul palco io ero un po' agitato per delle cose che avevo sentito dire e allora non so, di preciso, quello che ho detto, che quando mi agito io non rispondo esattamente, di quello che dico e poi dopo, per farmi passare l'agitazione, quando tutto è finito, mi succede che mi ripeto nella mia testa un misto di quello che ho detto e di quel che avrei dovuto dire e il risultato è un po' un misturotto la cui principale funzione è quella di calmarmi e di convincermi che io, tra tutti quelli che avevan parlato, ero quello che aveva ragione.

Le cose che avevo sentito e che mi avevano fatto agitare erano due, la prima, che bisognava educare e dar dei valori, ai bambini, la seconda, che quelli che non vanno a votare tolgono un diritto anche a quelli che ci vanno, che non ho ancora capito bene cosa c'entrasse, con l'educazione dei bambini, ma pazienza.

Allora quando sono andato sul palco io la prima cosa che ho detto è che io, l'unica relazione che ho con la scuola, e con l'educazione dei bambini, è il fatto che c'è una bambina, che ha l'avventura di esser mia figlia, che ha otto anni e fa la terza elementare, e che io, nell'universo della scuola, il mio ruolo, la mia funzione, il mio punto di vista, sono un ruolo, una funzione e un punto di vista marginali di uno che è il babbo di una bambina che fa la terza elementare e, a questo proposito, avevo preso su un libro che io e mia figlia lo stavamo leggendo in quei giorni lì che era un libro di Gianni Rodari che si intitolava *Fra i banchi* ed era appena stato ristampato da Einaudi ragazzi e da quel libro lì, a Reggio Emilia, a quel convegno sulla scuola e sui diritti dei bambini, avevo letto una filastrocca che faceva così: «Ho conosciuto un tale, un tale di Macerata, / che insegnava ai coccodrilli / a mangiare la marmellata. // Le Marche, però, / sono posti tranquilli, / marmellata ce n'è tanta, / ma niente coccodrilli. // Quel tale girava / per il monte e per la pianura, / in cerca di coccodrilli / per mostrare la sua bravura. // Andò a Milano, a Como, / a Lucca, ad Acquapendente: / tutti posti bellissimi, / ma coccodrilli niente. // È ancora lì che gira, / un impiego non l'ha trovato: / sa un bellissimo mestiere, / ma è sempre disoccupato», avevo letto, e dopo avevo detto che quella filastrocca lì sembrava che non c'entrasse niente e invece secondo me c'entrava, se avevano pazienza.

Perché io, avevo detto, rispetto a quand'ero piccolo io, la figura centrale della famiglia di quando ero piccolo io, il buon padre di famiglia, cioè il padre giusto e severo, né troppo intelligente né troppo stupido, quello che faceva le cose con la diligenza del buon padre di famiglia, cioè né troppo bene né troppo male, con un metro al quale si adeguava poi tutta la famiglia, i figli, la moglie, i suoceri, le nuore, i cognati, i parenti, gli amici in visita eccetera eccetera, ecco quella figura lì, che spirava autorevolezza, che non aveva bisogno di alzare la voce perché bastava uno sguardo, un sopracciglio alzato, per produrre il silenzio, e l'ascolto, ecco quella figura lì, avevo detto, oggi che io non sono più giovane e che è giovane invece mia figlia, quella figura lì non esiste più, è anacronistica, e se si ripresentasse, se ricapitasse in Emilia in questi giorni un buon padre di famiglia come quelli che ho conosciuto io, con la giacca del buon padre di famiglia, e le abitudini del buon padre di famiglia, fumare in casa, e in macchina, per dire, e iniziare i figli all'uso degli alcolici, ecco secondo me un padre del genere farebbe la figura di quel signore di Macerata di cui parla la poesia di Rodari, cioè di uno che sa un mestiere magari bellissimo ma che non serve a niente.

Solo che, avevo detto, mi viene in mente una cosa che è successa con mia figlia due anni fa, che una volta lei, eravamo a casa sua, non abitiamo insieme (e già questo, di per sé, sarebbe già fuori dall'universo del buon padre di famiglia, mi sembra), e lei, in salotto, gattonava sulla spalliera del divano, e io le ho detto «Secondo me non va bene, che fai così», e lei si è fermata, mi ha guardato, ma cattiva, e mi ha detto «Tu non devi dirmi Secondo me, tu devi dirmi Non va bene».

Allora, avevo detto lì a Reggio Emilia, mi viene forse il dubbio che qualche coccodrillo che vuol la marmellata in Italia, ancora, ce ne siano anche oggi, anche se io, proprio, di marmellata, non son capace, di darne, forse perché quand'ero piccolo io me n'han data talmente tanta, di marmellata, che mi ha forse un po' disgustato, non solo in famiglia, anche a scuola.

Io, avevo detto, quando ho fatto le elementari ero contro il divorzio, perché ho fatto le elementari il periodo che c'era il referendum sul divorzio e la nostra maestra ci diceva in classe, a una classe di trenta bambini di dieci anni, che noi dovevamo convincere i nostri genitori che era bene che votassero no al divorzio perché il matrimonio era un vincolo indissolubile.

Ci faceva venire in classe un frate (scuola pubblica, in Emilia-Romagna, nel 1974) che ci diceva che gli uomini non potevano sciogliere i matrimoni, perché nessuno, in terra, poteva sciogliere quello che Dio aveva legato in cielo, e la maestra faceva uscire il frate e poi ci diceva «Cosa vi avevo detto, io?».

Quella signora lì, ho saputo trent'anni dopo, era stata lasciata dal marito, e probabilmente non aveva neanche colpa lei, poveretta, forse lei era stata quella che aveva patito più di tutti, solo che la violenza che, in conseguenza del suo dolore, aveva fatto a una classe di trenta bambini di dieci anni, io me la ricordo ancora come una violenza insopportabile, ed è forse per quello che quando sento parlare di educare ai valori io penso che ognuno, i valori, dovrebbe trovarseli per conto suo, e mia figlia io credo che dovrà far la fatica, tremenda, mi rendo conto, di costruirselo da sola, l'angolo dei suoi valori, io posso solo accompagnarla, avevo detto, e mi è venuta in mente una volta che lei, eravamo in bicicletta, era ancora piccola, avevamo uno di quei seggiolini che si metton davanti, sul manubrio, io non la vedevo in faccia ma sentivo quel che diceva e a un certo punto l'ho sentita dire «Io non le voglio, le righe», e io, non capivo, quel che diceva, le ho chiesto «Che righe?», e lei mi ha detto «Le righe che ci son sulla faccia», e io ho capito che voleva dire le rughe e le ho detto «Ah, va bene, non c'è problema, ci son dei medici che ti addormentano, quando sei grande che cominciano a venirti le righe, ti taglian la faccia, ti cuciono che non si vede niente quando ti svegli hai una pelle liscissima che sei senza righe», le ho detto, e lei ha taciuto un po' e poi alla fine mi ha detto «No, io le voglio, le righe», e questo è l'unico modo, secondo me, in cui sono capace di influenzare i valori di mia figlia, facendo come se non li influenzavo, e mi è venuta in mente un'altra poesia di Rodari, una poesia che è abbastanza famosa che si intitola *La mia mucca* e che fa così: «La mia mucca è turchina / si chiama Carletto / le piace andare in tram / senza pagare il biglietto. // Confina a nord con le corna, / a sud con la coda. / Porta un vecchio cappotto / e scarpe fuori moda. // La sua superficie / non l'ho mai misurata, / dev'essere un po' meno / della Basilicata. // La mia mucca è buona / e quando crescerà / sarà la consolazione / di mamma e di papà. // (Signor maestro, il mio tema / potrà forse meravigliarla: / io la mucca non ce l'ho, / ho dovuto inventarla.)», che è una poesia che quando l'ho letta io, da piccolo, mi era piaciuta, e quando l'ha riletta mia figlia, pochi giorni fa, è piaciuta anche a lei, e io non so il motivo per cui ci è piaciuta, da piccoli, però una delle cose per cui mi piace adesso è che dice una cosa che non si poteva tanto dire, a scuola, cioè che quel che si scrive nei temi, di solito, sono cose inventate, cioè relativizza il portato valoriale della scuola, se così si può dire, e per via dei valori, ho detto, io forse a scuola preferirei che a mia figlia le dessero degli strumenti, anziché dei valori. Quanto ai diritti, ho detto là a Reggio Emilia, io sentendo gli interventi precedenti mi son reso conto che vi devo chiedere scusa perché ho sentito dire che chi non va a votare priva del diritto di andarci anche tutti gli altri e io, scusatemi, sono vent'anni che sto a casa, quindi sono vent'anni che privo la gente dei loro diritti, e io pensavo, e, vi confesso, penso ancora, avevo detto là a Reggio Emilia, che fosse e che sia un mio diritto, stare a casa, e devo dire, scusatemi, che da quando, vent'anni fa, ho smesso di credere che qualcuno che andrà in parlamento farà il mio bene, da quando ho cominciato a pensare che il mio bene era bene non delegarlo a nessuno farlo da solo, e che la politica non è una cosa che si fa una volta ogni cinque anni quando si va a votare, ma che la politica si fa tutti i giorni, e che è politica il modo in cui si parla, il modo in cui ci si muove, che è politica il grado di gentilezza con cui si parla coi propri figli, e coi propri genitori, ecco io, avevo detto là a Reggio Emilia, sto molto meglio, da quando ho scoperto queste cose, e queste scoperte, avevo detto, coincidono con la scoperta del pensiero anarchico, che qui non ho il tempo di riassumere e ne affido il riassunto a una frase di Pierre-Joseph Proudhon del 1840 che fa così:

> Essere governati significa essere guardati a vista, ispezionati, spiati, diretti, legiferati, valutati, soppesati, censurati, comandati da persone che non ne hanno né il titolo, né la scienza, né la virtù. Essere governati significa essere, a ogni operazione, a ogni transazione, a ogni movimento, annotati, registrati, censiti, tariffati, timbrati, tosati, contrassegnati, quotati, patentati, licenziati, autorizzati, apostrofati, ammoniti, impe-

> diti, riformati, raddrizzati, corretti. Significa, sotto il pretesto dell'utilità pubblica e in nome dell'interesse generale, essere addestrati, taglieggiati, sfruttati, monopolizzati, concussionati, pressurati, mistificati poi, alla minima resistenza e alla prima parola di protesta, repressi, multati, vilipesi, vessati, taccheggiati, malmenati, fucilati, mitragliati, giudicati, condannati, deportati, sacrificati, venduti, traditi e, come se non bastasse, scherniti, beffati, oltraggiati, disonorati. Ecco il governo, ecco la sua giustizia, ecco la sua morale!

avevo letto lì a Reggio Emilia per via dei diritti e poi avevo detto che mi ero preparato delle letture dove, più o meno, si parlava appunto del mio ruolo di babbo che non è un buon padre di famiglia, e se c'era ancora tempo ne avrei letta una o due, e loro mi avevan detto che c'era tempo, e io avevo letto il primo capitolo di quel romanzo che si intitola *Mi compro una Gilera*, e il capitolo si intitolava «Le scimmie» e faceva così:

> Ho avuto tanti dispiaceri, nei quarantatré anni che son stato al mondo, ma il dispiacere più grosso, mi sembra, l'ho avuto la scorsa settimana, giovedì, e è durato con intensità crescente fino a lunedì, poi un po' è calato, però dura ancora, ogni tanto mi torna un po' addosso.
>
> Una volta, due mesi fa, ero andato a trovare mia figlia, eravam stati al parco, dal leone, dice lei, nel parco dove andavamo prima c'era un leone di ghisa,

credo, di ghisa, c'era la statua di un leone che a lei piaceva tantissimo quando mi vedeva diceva Andiamo dal leone.

Per lei vedermi voleva dire andare al parco, e andare al parco voleva dire andare dal leone e anche adesso che lei ha traslocato e quando la vado a trovare andiamo in un altro parco dove di statue e di leoni non ce ne sono, lei continua a dire che andiamo dal leone.

Una volta, due mesi fa, eravamo in questo parco eravamo appena arrivati eravamo seduti su una panchina che mangiavamo il gelato, lei, mangiava il gelato, io l'aiutavo, le scartavo il cucchiaino, l'imboccavo, la pulivo, le buttavo via il gelato che non le andava più le tenevo la cialda, a mia figlia piace moltissimo succhiare le cialde, a guardarla mangiare il gelato si direbbe che le piace più la cialda, del gelato, il gelato dopo un po' la stanca, di cialde ne mangerebbe dei chili.

Quella volta lì, eravamo sulla panchina, dietro la panchina c'era un casco di banane Come mai ci son queste banane? ho pensato, ma non ho detto niente, avevo in mano il gelato che si stava sciogliendo ho tirato giù mia figlia dal passeggino ho incominciato a aiutarla a mangiare il gelato fino a che lei, si è girata, ha visto per terra il casco di banane mi ha chiesto Cosa sono quelle?

Banane, le ho detto.

E perché sono qui?

Non lo so. Le avrà lasciate qualcuno.

E chi le ha lasciate? mi ha chiesto.

Forse le scimmie.

Le scimmie?

Le scimmie.

Mia figlia si è messa a guardare gli alberi poi mi ha guardato mi ha chiesto Le scimmie?

Sì, le ho detto, le scimmie, probabilmente sono sugli alberi che girano quando si stancano che gli calan gli zuccheri vengono giù prendono una banana e via, che fanno un altro giro.

Mia figlia mi ha guardato, ha guardato le banane, ha guardato gli alberi, mi ha guardato, Le scimmie? mi ha chiesto.

Sì, le ho detto io, le scimmie. Facciamo piano che ci dev'essere pieno di scimmie, le ho detto.

Mia figlia mi ha guardato, ha guardato gli alberi, ha guardato ancora me, ha fatto una smorfia, è scoppiata a piangere.

Dopo, tutto il pomeriggio ogni tanto mi chiedeva Ci sono le scimmie?

E io No, non ci sono, non ci sono. Era uno scherzo, non ci sono. Vedi una scimmia? Non c'è neanche una scimmia.

Ogni dieci minuti mi guardava, faceva una faccia spaventata mi chiedeva Più scimmie?

Più, le dicevo io, non ci sono. Basta scimmie.

Basta, diceva mia figlia, son tutte morte, diceva.

Il giorno dopo sua mamma mi ha detto al telefono che mia figlia le aveva raccontato che al parco avevamo incontrato un esercito di scimmie che però io le avevo picchiate con dei bastoni erano andate via. Per un mese circa, quando siamo andati dal leone, lei ogni tanto mi chiedeva Più scimmie?

Più, le dicevo io.

Ogni tanto cercavo di convincerla Te non hai paura dei leoni, le dicevo, non ha senso che hai paura delle scimmie. Se vedi una scimmia e le fai Bu, è la scimmia che ha paura di te.

E lei diceva Bu bu bu, e intanto faceva la faccia cattiva.

Brava, le dicevo io.

Un po' stava tranquilla poi mi chiedeva Più scimmie?

Più. Non ce ne sono più.

Son tutte morte? mi chiedeva lei.

Sono scappate. Son tornate in Africa.

In Africa?

In Africa. Ma questo non c'entra.

Un'altra volta, un mese fa, eravamo a casa sua, adesso è un periodo che c'è molto freddo, è inverno, è raro, che andiam dal leone, quest'inverno ci siam stati solo una volta verso le cinque c'era già buio non c'era nessuno, solo io e l'Irma, si chiama Irma, mia figlia, e ha due anni, e qualche mese, c'eravamo solo io e questa bambina di due anni e pochi mesi che giravamo mano nella mano per questo parco deserto senza scimmie e senza leoni, ma questo non c'entra, un'altra volta, un mese fa, eravamo a casa sua, mia figlia ha cominciato a raccontarmi una storia che lei, nel giardino del suo asilo, dietro degli alberi, ha incontrato degli elefanti che la volevan picchiare lei si è messa a correre fortissimo è arrivata dentro l'asilo si è chiusa dentro si è barricata.

Ma cosa ci facevano degli elefanti nel giardino dell'asilo? le ho chiesto.

Lei mi ha guardato, ha ricominciato a raccontarmi la storia fin dall'inizio. Si agitava moltissimo, raccontando. E poi i giorni dopo me l'ha ripetuta ancora cinque o sei volte in versioni diverse, le ultime volte era lei, che picchiava gli elefanti, ma raccontava sempre con meno interesse, il suo interesse questi ultimi tempi è rivolto a Bazzocchi, al dottor Bazzocchi.

Una volta sono arrivato a casa di mia figlia che lei aveva il catarro doveva andar dal dottore. Allora con sua mamma siamo montati in macchina siamo andati in centro vicino allo studio del dottor Bazzocchi. Quando siamo arrivati la mamma dell'Irma si è fermata per parcheggiare io e mia figlia siamo andati dal dottor Bazzocchi come siamo entrati in sala d'aspetto s'è aperta la porta il dottore ha detto Avanti il prossimo, e il prossimo eravam noi.

Come siam stati dentro l'Irma s'è guardata intorno, ha guardato Bazzocchi, mi ha guardato, Voglio la mamma, ha detto, e è scoppiata a piangere.

Il dottore ha alzato le mani Non ho fatto niente, ha detto.

L'Irma ha smesso di piangere, gnolava solo un po', quello stato tra il pianto e il non pianto che hanno i bambini.

Io ho indicato all'Irma un orologio a muro con nel quadrante la foto di un bambino Cos'è quello? le ho chiesto.

Un bimbo, mi ha risposto lei.

E piange? le ho chiesto.

No.

E allora te perché piangi?

E lei mi ha guardato senza dir niente. Dopo Bazzocchi l'ha auscultata, l'ha pesata, l'ha misurata, le ha guardato in gola, le ha fatto prima il verso Fai Aah, le ha detto, Aaaaah, ha fatto l'Irma, e Bazzocchi con una lucina le ha guardato la gola le tonsille quello che doveva guardare stavam per uscire che si è sentito bussare, abbiamo visto aprirsi la porta era la mamma dell'Irma, Ciao mamma, le ha detto l'Irma.

Dopo mi ha detto sua mamma che mia figlia si svegliava al mattino diceva Andiam da Bazzocchi? E quando poi me la passava io le dicevo al telefono Come t'ha fatto fare Bazzocchi? e lei mi diceva al telefono Aaaaah.

Dopo una volta qui ultimamente sono arrivato a casa di mia figlia qualcuno le aveva regalato un set con uno stetoscopio, uno strumento per misurar la pressione, una siringa, un martelletto per provare i riflessi un paio di occhiali di plastica e giocavamo a Bazzocchi. Chi si metteva gli occhiali era Bazzocchi e l'altro era l'Irma che si faceva visitare.

A mia figlia delle volte le piace farmi far l'Irma e le piace fare lei il babbo. Quando io faccio l'Irma che lei fa il babbo io le chiedo Posso guardare i Barbapapà?

No, mi dice lei.

Posso mangiare una mela?

No.

Posso bere un succo di frutta?

No.

Posso bere un bicchiere di latte?

No.

Posso bere un bicchier d'acqua?

No.

Posso andare in bagno?

No.

Posso dormire un po?

No.

Fa una faccia da babbo serissima che lo fa bene, mi viene da dire, ma questo non c'entra.

Una volta salta fuori con la storia che Bazzocchi è malato. Come è malato?

È malato.

È venuto a farsi visitare?

Sì.

E cosa aveva?

Il catarrone.

Ha pianto?

Sì.

E quanto deve stare a casa?

Dodici giorni.

Allora dopo gli devi fare il certificato per tornare a lavorare.

Sì.

Te lo scrivo io, le ho detto, e ho preso un foglio ci ho scritto Io, Irma Nori, dichiaro che Bazzocchi è stato curato dalla sua sindrome da catarrone e che può tornare a lavorare in centro a fare il suo mestiere, e poi le ho dato il foglio e le ho detto To', firma. Ma come firmi, le ho chiesto poi dopo, che non sai scrivere?

Faccio un pesce, mi ha detto l'Irma, e sotto la dichiarazione ha disegnato un pesce. Ma questo non c'entra.

Dopo poi, giovedì scorso, ero lì con lei, lei voleva vedere Barbapapà, io non potevo farglielo vedere, deve vederlo al massimo una volta al giorno, allora lei un po' si è arrabbiata mi diceva Vai via.

Io ho preso un libro, lei me l'ha tolto di mano mi ha detto Vai via.

Io ho preso in mano un altro libro lei me l'ha tolto di mano mi ha detto È mio, vai via, vai a Parma.

Mia figlia abita a Bologna, io abito a Parma. Ogni tanto mi dice che vuole venire a Parma io sono contento, quella era la prima volta che mi diceva di andare a Parma.

Ho preso in mano un altro libro, lei me l'ha tolto di mano mi ha detto È mio, vai via, vai a Parma.

Io ho aperto il mio zaino, ho tirato fuori un libro, lei ha fatto per togliermelo di mano ha detto È mio.

No, le ho detto io, è mio.

Lei mi si è avvicinata ridendo io le ho dato una spinta le ho detto Vai via.

Lei mi ha guardato, è scoppiata a piangere è corsa da sua mamma, Il babbo mi ha mandato via, il babbo mi ha mandato via, diceva.

Dopo sua mamma ha cercato di farci fare la pace solo che c'era poco tempo io avevo il treno dovevo andare non siamo riusciti, a fare la pace. Lei stava aggrappata a sua mamma mi guardava diceva Ho paura. E io mi son messo il cappello il cappotto lo zaino sono andato a casa. Non ero ancora sul treno che stavo malissimo. Ho provato a chiamarla me la son fatta passare che volevo fare la pace solo come fai, a fare la pace al telefono, con una bambina di poco più di due anni.

Per quattro giorni ho pensato che quando mi avrebbe rivisto avrebbe avuto paura di me. Tutte le cose che vedevo che mi facevano pensare a dei bambini pensavo Anch'io, avevo una figlia che eravamo amici, dopo poi abbiam litigato. Adesso lunedì, pensavo, quando mi vede, avrà paura di me.

Dopo lunedì, quando la sono andata a prendere all'asilo, era contenta, di vedermi. Si era già scordata. Siam stati benissimo. Solo una volta che stava spaccando un badile del teatro della Pimpa che le avevo regalato io le ho detto No, forte, e lei ha avuto un tremlone di paura che io le ho detto Ti ho fatto paura?

C'era lì anche sua mamma le ha detto Non devi aver paura del babbo, ha la voce un po' forte.

Quel pomeriggio, a un certo punto, mia figlia mi ha detto Facciamo le bestie.

Va bene, le ho detto, io che bestia sono?

Un drago, mi ha detto lei.

E io ho fatto il verso del drago Graaaaah. E poi le ho chiesto E te che bestia sei?

Io sono una femmina, mi ha risposto lei.

Manca poco

In Estonia ci son stato pochissimo, sono arrivato al venerdì pomeriggio, son ripartito domenica mattina alle sei del mattino ma dev'essere stato un viaggio che mi son divertito, continuo a pensarci.

Continuo a pensarci intanto che i muratori mi girano intorno, stan rifacendo il tetto di casa mia, io abito all'ultimo piano, han montato i ponteggi, ho dei muratori che girano all'altezza delle mie finestre fin dalle sette e mezza del mattino, se volessero potrebbero guardare in casa vedere quello che faccio, che poi cosa faccio, scrivo, scrivo del fatto che son stato in Estonia, ci son stato pochissimo, sono arrivato al venerdì pomeriggio, son ripartito domenica mattina alle sei del mattino ma dev'essere stato un viaggio che mi son divertito, continuo a pensarci.

Cioè, adesso poi, divertito, non ho fatto niente, di divertente, sono andato a una festa dall'ambasciatore irlandese, ho presentato un libro, ho comprato un paio di guanti per la Battaglia, ho fatto dei giri, ho dormito in un albergo di Tallinn che nella mia stanza c'era un quadro che rappresentava, se non sbaglio, un apostrofo, grosso, ed era dipinto su una carta che mi sembrava molto bella, spessa, pregiata e, non so perché, mi è venuto da pensare al pittore che l'aveva fatto, quel quadro lì, che non mi piaceva moltissimo ma si vedeva che era una cosa fatta con cura e secondo me al pittore che l'aveva fatto gli doveva piacere, magari ci si era affezionato, uno si affeziona alle cose che fa, e mi sono chiesto cosa poteva fare se per caso gli veniva voglia di vederlo, il suo apostrofo, gli sarà dispiaciuto, il suo quadro, saperlo dentro una stanza d'albergo con degli sconosciuti che magari degli apostrofi non gli interessa niente. Dev'essere difficile fare dei quadri e poi abbandonarli, mi ricordo che avevo pensato là a Tallinn prima di addormentarmi dentro un albergo dove avevano dormito anche i Rolling Stones, come devo avere già detto.

Invece i libri, mi ricordo che avevo pensato, uno se vuole ce li ha sempre vicini, come questa coperta, avevo pensato, e mi ero tirato su la coperta arancione che mi avevano regalato, che a Tallinn, in Estonia, il festival di letteratura che mi avevano invitato, loro come regalo ti regalavano una coperta arancione che è un regalo stranissimo, per un festival letterario, bisogna convenire.

Che lì, in Estonia, al festival HeadRead, ho pensato il 27 di giugno che ormai, a forza di dài e dài, per scrivere questo libretto eravamo arrivati fino al 27 di giugno che era già estate, e la Battaglia, dal mare, che era al mare con sua mamma, mi mandava un sms dal telefono di sua mamma che c'era scritto «Ti voglio bene stranamente troppo», lì a Tallinn, dicevo, al festival HeadRead, il colore del festival era arancione, e a guardare la coperta arancione, il 27 di giugno del 2013, mi è venuto in mente di una volta, nel dicembre del 2012, in un teatro vuoto di Milano, tutto arancione, in occasione della presentazione del MoVimento (o Movimento) Vogliamo vivere, del giornalista italiano Emilio Fede, che c'ero andato per quel programma televisivo che eravamo andati a riprendere anche il sindaco di Parma al Fuori Orario, e a me, a Milano, a vedere quella grande sala arancione, a me era venuto in mente uno scrittore che sembra che non c'entri niente invece vedrete che c'entra.

È uno scrittore austriaco che si chiama Joseph Roth, e che ha raccontato l'impero austroungarico nel momento in cui l'impero austroungarico era finito, e era come se si stesse cancellando, sembrava quasi di sentire la fretta che aveva Roth di raccontare prima che glielo togliessero da sotto i piedi, l'impero austroungarico, e io, quando avevo letto i libri di Roth, avevo pensato che anch'io, il mondo dove ero nato me lo stavano togliendo da sotto i piedi anche se non aveva un nome preciso come impero austroungarico, ma potevo chiamarlo benissimo anch'io, convenzionalmente, impero austroungarico, e nel dicembre del 2012, a vedere questa cosa, a Milano, che a me, forse mi sbaglio, ma a me è sembrata una specie di ultima apparizione pubblica di un signore che aveva cominciato a lavorare in televisione nel 1954 e che aveva smesso nel 2012, ecco a me era sembrato che la presentazione del MoVimento Vogliamo vivere fosse, non so, come la festa che facevano nelle aziende quando uno andava in pensione che facevano una colletta tra colleghi e gli regalavan l'orologio con la catena da mettere nel panciotto, o l'accendino laccato d'oro, che era una di quelle abitudini che appartenevano un po' a quel mondo lì dell'impero austroungarico, come i portabagagli sopra alle macchine, le lucidatrici, i bicchieri infrangibili, i bigodini, i mangiadischi, le cabine telefoniche, i gettoni telefonici, i miniassegni, le bici da cross con il sellino lungo, con una carta infilata nei raggi per imitare il rumore del motorino, le siringhe che si bollivano, i grembiuli alle elementari, e i fiocchi, azzurri per i bambini e rosa per le femmine, e i pentoloni della marmellata, e i fustini salvaspazio, e i succhi di frutta nelle bottigliette di vetro, e i vestiti da Zorro per Carnevale, e le braghe corte (per i bambini), con le calze traforate, e i bicchieri di spuma, e le assi per lavare i panni, e i calzascarpe, e le televisioni con le valvole, e, adesso magari mi sbagliavo, ma a me, nel dicembre del 2012, là a Milano, dentro quel teatro arancione, mi era sembrato che una di queste cose pronte per la pensione fosse il nuovo MoVimento di opinione Vogliamo vivere di Emilio Fede, e oggi, a Casalecchio di Reno, con i muratori che mi circondano, a me è venuto da pensare che manca poco, quanto?, due anni? tre anni? quattro anni? dieci anni? vent'anni? trent'anni?, diciamo trent'anni, diciamo anche quaranta, son molti?, son pochi, mi vien da pensare a Casalecchio di Reno, e sono i pochi che mancano al pensionamento di questi fenomeni da impero austroungarico che sono il MoVimento 5 stelle e il sindaco Federico Pizzarotti, così come manca ancora meno, probabilmente, al pensionamento di quell'omino da impero austroungarico che, circondato dai muratori, sta provando a mettere insieme questo libretto.

Obiezione

«Ma cosa dici?» potrebbe obiettare qualcuno. «Ma se il MoVimento 5 stelle è appena cominciato come fai a dire che sta per andare in pensione? Non sarai mica prevenuto?»

«Forse sono prevenuto – risponderei io a uno che obiettasse così, – ma te hai letto *Lettere spirituali*, di Giuseppe Rensi?», gli chiederei.

E se lui mi rispondesse «No, però ho letto *Il gabbiano Jonathan Livingston*, di Richard Bach», io gli direi «Bravo, hai fatto bene a leggere *Il gabbiano Jonathan Livingston*, di Richard Bach, però, se provi a leggere anche *Lettere spirituali*, di Giuseppe Rensi, a un certo punto trovi un pezzetto che dice: "Alla mattina ti lavi o fai il bagno, ti radi. Compiuta l'operazione dici: ecco, adesso è fatto. Dopo poche ore, la mattina dopo, è da rifare", scrive Giuseppe Rensi in *Lettere spirituali*, e così, allo stesso modo – gli direi, – anche la rivoluzione del MoVimento 5 stelle che è appena cominciata, tra poco, domani, o tra cinque anni, o tra dieci, o tra quindici, sarà come se non ci fosse mai stata. Che è una cosa antipatica, da dire – gli direi, – ma a me è venuta da dirla, e da scriverla, cosa ci posso fare?», gli direi.

Che, tra l'altro, questo non glielo direi, lo dico a voi che state leggendo questo libretto, ammesso che ci sia qualcuno, di là, che lo legge, tra l'altro, dicevo, a me non sembra di essere prevenuto, devo averlo anche già detto che io, nei confronti del MoVimento 5 stelle ero tutt'altro che prevenuto, poi ho letto il loro programma, i loro comunicati, mi è venuto da pensare "Ma che testa hanno, questi qua?", che non voglio dire per forza che siano loro, forse sono io, quel che mi sembra è che abbiam delle teste che non sono in sintonia l'una con l'altra, se così si può dire.

Che il sindaco di Parma, per esempio, alla fine del 2012 ha fatto un discorso che si intitolava «Grandi sfide ci attendono nel prossimo futuro» e a me, quando l'ho sentito, è venuto in mente Giorgio Manganelli, che è uno scrittore di Milano che è stato anche sindaco di Roccabianca (paese in provincia di Parma), che una volta ha scritto che non ci sono libri innocui e non c'è una cultura che non fa male a nessuno e rende migliori.

«Un grande libro – ha scritto Manganelli – è terribile, perché la sua storia dentro di noi non si spegnerà mai; e sarà la storia della nostra libertà. Una biblioteca è molte, strane, inquietanti cose; è un circo, una balera, una cerimonia, un incantesimo, una magheria, un viaggio per la terra, un viaggio al centro della terra, un viaggio per i cieli; è silenzio, ed è una moltitudine di voci; è sussurro ed è urlo; è favola, è chiacchiera, è discorso delle cose ultime, è memoria, è riso, è profezia» ha scritto Manganelli, m'è tornato in mente quando ho sentito quel discorso del sindaco di Parma, che l'ho sentito in un momento che avevo anche appena riletto un libro bellissimo recentemente ristampato dal Saggiatore, un libro che si intitola *Gnanca na busìa*, ed è di Clelia Marchi, e il libro è la storia della Marchi e di suo marito, che la Marchi, una signora nata nel 1912 a Poggio Rusco, in provincia di Mantova, ha scritto, tutta, alla morte del marito, sul loro lenzuolo nuziale; «io ero una bambina di fronte a lui – ha scritto la Marchi – io avevo 14 anni e lui 25 ma io non avevo mai pensato che quel bel ragazzo che avevo visto per la prima volta alla macchina mi domandasse di fare la more; le ò detto se lo sa la mia famiglia; che voi siete vecchio: mi disse ma se ti piacio, parleremo di nascosto e quando avrai compiuto 16 anni si sposeremo; ma chi pensava à sposarsi:

veniva tutti i giorni in casa mia a lavorare con il mio papà».

Il libro, cioè il lenzuolo, è scritto tutto così, in un italiano che è l'italiano di chi l'italiano non lo sapeva, ed è bellissimo, ed è, tra le altre cose, un inno a una lingua povera, fatta di niente, a un'ignoranza benedetta, che permette alla Marchi di dir delle cose che se avesse studiato non sarebbe riuscita a dire.

Il sindaco di Parma, invece, in quei giorni lì che avevo riletto il libro della Marchi, alla fine del 2012, aveva fatto quel discorso intitolato «Grandi sfide ci attendono nel prossimo futuro» e il discorso finiva così: «Questo è un grande desiderio che voglio esprimere alla città, e che vorrei donare, cioè, che donassimo a se stessa. Vi ringrazio della presenza, dell'attenzione e augùro a tutti, tutti voi, un felice anno nuovo, e la speranza che il 2013 possa diventare veramente l'anno di svolta, al di là di tanti numeri e di tante espressioni di futuro che si possono avere io spero veramente che la città, e la nazione intera, possa stringersi, siamo un momento di difficoltà che ha bisogno di idee nuove, di nuovi spunti per superare un momento veramente così difficile, sono tanti tutti i giorni, eh, insomma, i gridi di speranza che vengono rivolti al comune, e penso anche alle altre istituzioni, per quanto riguarda la casa e il lavoro, speriamo che, nell'anno prossimo, si possano trovare soluzioni per alleviare le difficoltà di tutti, grazie mille a tutti, e grazie per, veramente...» (seguivano un paio di parole coperte dagli applausi). E io, che sono di Parma, a sentire questo discorso, un po' mi ha fatto ridere, un po' ho avuto vergogna, e mi è tornato in mente quando, ai primi di ottobre, durante un consiglio comunale, il sindaco di Parma aveva detto, rivolto a un consigliere di minoranza: «Io non ho capito se voi preferiate, plurale maiestatis, che il comune fallisca», che anche allora, un po' mi aveva fatto ridere, un po' avevo avuto vergogna e dispiacere per Parma, che Parma non è quella roba lì, avevo pensato, e avevo pensato che la cosa che Manganelli dice per la cultura, che non c'è cultura che non fa male a nessuno e rende migliori, forse vale anche per l'ignoranza, altro che prevenuto.

Anche se, a essere onesti, la rivoluzione del MoVimento 5 stelle a me mi ha creato anche dei problemi. Niente di grave, c'è da dire, ma, a dire il vero, qualcosa per cui potrei avercela, con il MoVimento 5 stelle, se vado a scavare, la trovo. Niente di grave, non è che ho dovuto spendere un'esagerazione per mandare mia figlia all'asilo nido, abito a Casalecchio di Reno, e mia figlia fa la terza elementare, ma un piccolo danno, a dire il vero, il MoVimento 5 stelle, a me, se ci penso, me l'ha causato.

Argomenti

C'era un quotidiano, l'anno scorso, che ogni tanto, ma abbastanza spesso, tipo due volte al mese, mi chiedevano di scrivere sedicimila caratteri, che sono l'equivalente di una decina di paginette, su un qualche argomento specifico. Erano argomenti, di solito, che io non ne sapevo moltissimo, per esempio mi avevano chiesto di scrivere sedicimila caratteri sul cambiamento di Monti, che all'epoca c'era questo politico che si chiama Monti che ne parlavano tutti che adesso sembra stranissimo, che tutti, all'epoca (che è un'epoca anche abbastanza vicina, il 2012), parlassero tutti di un politico che si chiama Monti, però era vero, e io, che delle novità politiche non son mai stato tanto al corrente, gli avevo scritto dieci paginette, sedicimila caratteri, nei quali in pratica gli dicevo che io delle novità politiche non ero molto al corrente e che, del cambiamento di Monti, in pratica, non me ne ero accorto.

E il pezzo, c'è da dire, a quel quotidiano lì che si chiamava «Il Foglio quotidiano», gli era piaciuto e l'avevan pubblicato e dopo quindici giorni mi avevano chiesto di scrivergliene un altro, sedicimila caratteri sulla ricomparsa di Berlusconi che io, che di queste cose politiche non è che mi interessi tanto, gli avevo scritto un pezzo che parlava anche di Parma, ero a Parma quando me l'avevano chiesto, gli avevo scritto sedicimila caratteri, una decina di pagine, che in pratica gli dicevo che io, della ricomparsa di Berlusconi, non mi interessava tanto. E il pezzo, bisogna dire, gli era piaciuto, l'avevano pubblicato e non solo, qualche giorno dopo, nel febbraio del 2013, me ne avevano commissionato un altro sulla rivoluzione del MoVimento 5 stelle che io, che non mi occupo tanto di politica, mi ricordo l'avevo anche scritto era un pezzo abbastanza lungo che dicevo che quella era la terza volta che mi arrivava una telefonata dalla rispettabilissima redazione del «Foglio quotidiano» che qualche settimana prima, per esempio, mi avevano telefonato mi avevan chiesto se gli scrivevo sedicimila caratteri sul cambiamento di Monti, che io tra me e me avevo pensato "Ma è cambiato, Monti?".

Dopo, avevo scritto, il pezzo sul cambiamento di Monti gliel'avevo scritto, anche se non avevo parlato tantissimo di Monti, in quel pezzo lì, e una settimana dopo mi avevano telefonato mi avevan chiesto se gli scrivevo un pezzo di sedicimila caratteri sul ritorno di Berlusconi. Che io tra me e me avevo pensato "Ma è tornato, Berlusconi?".

Dopo, il pezzo sul ritorno di Berlusconi gliel'avevo scritto, anche se non avevo parlato tantissimo di Berlusconi, in quel pezzo lì. L'altro giorno, invece, avevo scritto, mi avevano telefonato mi avevan chiesto se gli scrivevo sedicimila caratteri sulla rivoluzione 5 stelle. Che io tra me e me avevo pensato "C'è stata una rivoluzione, 5 stelle?".

E intanto però gli avevo detto «Sì, sì, va bene». E mi ero messo a pensare ai segni di questa rivoluzione e mi era venuto in mente di quando, vent'anni prima, nel '93, che era l'anno che ero stato in Russia sei mesi a raccogliere materiale per la tesi, una volta, abitavo in un appartamento all'estrema periferia di Mosca, aveva suonato il telefono, nel mio appartamento, avevo risposto, era mio fratello Emilio.

«Guarda che lì a Mosca c'è la rivoluzione», mi aveva detto Emilio.

«Come la rivoluzione?», gli avevo chiesto io.

«La rivoluzione – mi aveva detto lui, – la città è in fiamme.»

«Aspetta un attimo», gli avevo detto, e avevo posato la cornetta, avevo tirato fuori i piedi da dentro la bacinella (stavo facendo un pediluvio), avevo infilato le ciabatte, avevo aperto il balcone, ero uscito, avevo guardato a destra, avevo guardato a sinistra, ero tornato al telefono, «Guarda che ti sbagli», gli avevo detto a Emilio.

«Sarà un po' difficile, che mi sbaglio – mi aveva detto Emilio, – c'è la casa bianca che ha preso fuoco, la fan vedere in tivù.»

«Aspetta un attimo», gli avevo detto, e avevo posato la cornetta, avevo attaccato la spina della televisione, avevo acceso, ero tornato al telefono, «Aspetta eh – gli avevo detto, – due minuti, tu come stai?»

«Bene – mi aveva detto lui, – e tu?»

«Abbastanza bene – gli avevo detto, – aspetta al telefono, eh?» e avevo posato la cornetta, mi ero avvicinato alla televisione, avevo guardato, c'era della gente inquadrata che parlavano, avevo alzato il volume, «I bombardamenti continuano», dicevano.

Ero tornato al telefono, «Sai che forse hai ragione?», gli avevo detto a Emilio.

«Lo so anch'io, che ho ragione», mi aveva detto Emilio.

E niente.

Alla fine avevo provato, nel febbraio del 2013, a fare un giro in centro a Bologna a vedere se c'era davvero questa rivoluzione 5 stelle, e adesso devo dire che io, forse dipende dalla mia inesperienza dalla mia incapacità di vedere le cose, già certificata quasi quaranta anni prima dalla prima dispensa di un corso di disegno a dispense, ma i segni della rivoluzione 5 stelle non li avevo visti e la cosa più strana, di quel giorno del febbraio del 2013 che mi aveva chiamato la redazione del «Foglio quotidiano» per chiedermi un pezzo sulla rivoluzione 5 stelle, la cosa che mi ricordo è il fatto che quel giorno lì avevo smontato il mio stenditoio a soffitto, così come la cosa più strana, la cosa che mi ricordo, di quei giorni che a Mosca c'era la rivoluzione, era stato il mio trasloco, che io proprio in quei giorni lì mi ero trasferito in una casa in centro che mi aveva trovato la mia insegnante di russo, che quando aveva saputo dove abitavo «Ma ti trovi bene, lassù?» mi aveva chiesto. «No perché – mi aveva detto – ci sarebbe una stanza in centro, vicino alla biblioteca, in un appartamento di una che conosco che fa l'architetto, è un palazzo famoso, ne ha parlato Trifonov in un romanzo, *La casa sul lungofiume*, l'hai letto?», mi aveva chiesto la mia insegnante di russo nel '93.

«No, tu l'hai letto?», le avevo chiesto io.

«Per forza, l'ho letto – mi aveva detto lei, – era proibito.»

E il giorno dopo la rivoluzione, nel '93, a Mosca, ero sceso in ulica Belozërskaja, che era la mia strada in periferia, con le mie borse le mie valigie e avevo fermato un tassì.

«Dove deve andare?», mi aveva chiesto il tassista.

«In centro – gli avevo detto, – in ulica Trofimoviča.»

«Là sparano», mi aveva detto il tassista.

«Le do centocinquanta rubli», gli avevo detto io.

«Ma là sparano», mi aveva detto lui.

«Se le do duecento rubli?», gli avevo chiesto.

«Ma là sparano», mi aveva detto il tassista.

«Duecentocinquanta», gli avevo detto.

«Monta», mi aveva detto lui, e mi ero trasferito felicemente da ulica Belozërskaja a ulica Trofimoviča nella casa sul lungofiume dieci minuti a piedi dalla biblioteca Lenin e quella è la cosa più significativa che mi ricordo della rivoluzione, che si potrebbe pensare che io sono uno che vive fuori dalla storia, è possibile, io ho l'impressione di vivere in una storia particolare, che magari è una storia poco significante ma è vera, è concreta, e in questa mia convinzione mi ricordo mi ha confortato il fatto che proprio in quel periodo lì, nel '93, avevo letto un romanzo di un filosofo russo, Aleksandr Pjatigorskij, intitolato *Filosofia di un vicolo*, un romanzo che parlava di un gruppo di bambini che erano nati tutti in case che davano sullo stesso cortile di Mosca, un cortile filosofico, diceva Pjatigorskij, che a Mosca, diceva, c'erano i cortili filosofici, i cortili matematici, i cortili operai, i cortili pittorici, i cortili sportivi, i cortili spionistici, e i protagonisti di questo romanzo eran nati in un vicolo che dava su un cortile filosofico sarebbero diventati poi dei filosofi indipendentemente da quello che avrebbero poi fatto l'avrebbero fatto comunque filosoficamente, così come un operaio nato in una casa che dava su un cortile spionistico avrebbe poi fatto l'operaio spionisticamente, diceva Pjatigorskij o forse son io che mi ricordo male forse non diceva così ma insomma il senso mi sembra era quello, e quello avevo scritto nel pezzo per «Il Foglio quotidiano».

E poi avevo scritto che in quel romanzo, *Filosofia di un vicolo*, c'era un momento, alla fine, che questi filosofi moscoviti arrivavano alla fine degli anni cinquanta e uno di questi filosofi raccontava che, nella loro vita, in quegli anni lì, più della guerra con la Corea, più della morte di Stalin, più della bomba all'idrogeno, più della campagna delle terre vergini, più della crisi della Baia dei porci, più della firma del patto di Varsavia, più del ventesimo congresso del partito, più della guerra per Suez, più del lancio del primo Sputnik, «Per noi era stato più importante il fatto che Andrej Nikolaevič aveva cambiato casa», diceva la voce narrante del romanzo *Filosofia di un vicolo* di Aleksandr Pjatigorskij, e io l'avevo scritto nel pezzo per «Il Foglio quotidiano» sulla rivoluzione del MoVimento 5 stelle che era un pezzo che del MoVimento 5 stelle e della loro rivoluzione praticamente di segni evidenti della loro esistenza io non ne avevo visti, dicevo nel pezzetto per «Il Foglio quotidiano», e dal «Foglio quotidiano» mi rispondevano mi dicevano che il pezzo gli era piaciuto, e che l'avrebbero pubblicato due giorni dopo, e avevamo discusso anche il titolo, e l'illustrazione, tutti questi pezzi erano per «Il Foglio» del sabato, quello illustrato, solo che poi, sabato, il pezzo non era uscito, e questo aveva provocato la fine del fertile rapporto con «Il Foglio quotidiano», e pertanto qualcuno potrebbe pensare che io ce l'ho con il MoVimento 5 stelle e che do la colpa a loro, dell'interruzione del mio fertile rapporto con «Il Foglio quotidiano», e che è per quello che son prevenuto e, in un certo senso, farebbe anche bene, qualcuno, a pensare così, solo che non è mica vero, secondo me, e secondo me, con «Il Foglio quotidiano», abbiamo fatto bene, a interrompere la collaborazione, mi chiedevano sempre di scrivere dei pezzi che non sapevo mai cosa scrivere.

Un'altra cosa

Io poi un'altra cosa che non mi spiego è come mai le cose cambiano così tanto a seconda del punto di vista da cui le si guarda; gli esponenti del MoVimento 5 stelle, per esempio, quando non erano al governo che parlavano dei governanti, dicevano che i governanti erano dipendenti del popolo che erano al servizio del popolo, che è una cosa sensata, mi sembra, che ti verrebbe da dargli ragione, solo che adesso che, in certi posti, come per esempio a Parma, sono loro che sono al governo, si lamentano del fatto che è il popolo, che non li aiuta, che non collabora, che non partecipa, e che quando partecipa è capace di parlare solo dei problemi delle buche, invece di alzare gli occhi e di occuparsi delle grandi sfide che ci attendono nel prossimo futuro.

Questa cosa l'ho sentita dire al Fuori Orario, quel circolo Arci che c'è tra Parma e Reggio Emilia, a Taneto di Gattatico, nel maggio del 2013, che c'era un dibattito che si intitolava «Il colore del futuro è verde», e era dentro la festa nazionale dei comuni virtuosi, e ci partecipavano dei politici e degli imprenditori e dei giornalisti nuovi che rappresentavano un nuovo modo di fare politica, imprenditoria e giornalismo.

E all'inizio avevano detto che fa più rumore un albero che cade di una foresta che cresce. Poi avevano detto che ci vuole una visione strategica nella gestione della questione dei rifiuti. Poi avevano detto che bisognava mettere al centro del dibattito nazionale e locale un tema. Poi avevano detto che c'era un'Italia diversa. Dopo avevano detto che la luce naturale aiuta il benessere abitativo. Poi avevano chiesto «Qual è il problema dell'Italia?». Poi avevano detto che loro affrontavano la sfida. Poi avevano detto «Attivo, proattivo e inserito nel territorio». Poi avevano detto «Come anche i terremoti». «Ne vedremo delle belle», avevano detto poi dopo. Poi uno aveva detto «Raschiare il fondo del barile». Poi, lo stesso, aveva detto «Lanciare il sasso nello stagno». Poi avevano rivelato che uno di Capannori ha vinto il premio Nobel alternativo sull'ambiente. Poi avevano dato la parola a uno che aveva detto «Ho sentito delle cose che tante volte mettono l'angoscia in quello che possiamo fare». Questo qua di mestiere faceva il sindaco di Parma. Che poi, sempre lui, aveva parlato della famosa «Lentezza al cambiamento». E che non si può demandare alla politica, aveva detto. E aveva detto che agli incontri coi quartieri non ci andava molta gente, e quella che ci andava, invece di guardare in alto al prossimo futuro che ci attende, parlavan delle buche. E dopo non so più cosa avevano detto perché io, lo confesso, ero uscito prima che finisse. E dentro di me, intanto che uscivo mi ero chiesto "Ma i comuni virtuosi, ma chi è che decide che sono virtuosi?".

Questo, credo, dipende dal fatto che politicamente io sono un po' ingenuo, ma, a parte quello, la cosa che a me mi stupisce, del MoVimento 5 stelle, tra altre, è il fatto che loro si immaginano che, quando vanno al governo loro, l'atteggiamento del popolo nei confronti dei governanti cambi immediatamente, cioè come se, solo con il fatto di essere, per dire, sindaci di quella città, in quella città tutti i cittadini sono contenti e non considerano più i governanti come dei dipendenti ma come della gente che bisogna aiutarla e condividerne le iniziative, anche quelle in aperto contrasto con quanto promesso in campagna elettorale, e prepararsi assieme alle grandi sfide che ci attendono nel prossimo futuro.

Solo che, secondo me, sarà che io di politica non ne so tanto, ma io ho l'impressione che le rivoluzioni, a parte che le rivoluzioni importanti, come diceva Pjatigorskij, forse sono quelle lì che non sembrano rivoluzioni, tipo Andrej Nikolaevič che cambia casa, ma a parte quello il cambiamento, secondo me, nell'atteggiamento degli abitanti di una città, non dipende dal voto, non dipende da un atto burocratico come un voto amministrativo, dipende da una marea di altre cose molto più complicate tra le quali, e non è la meno importante, secondo me, la lingua che parla la gente.

E, non so, forse sono io che non capisco bene, ma, secondo me, uno come il Sordo, o meglio, la società che si ritrovava intorno al Sordo, era una società, parmigiana, completamente diversa dalla società parmigiana contemporanea, e la scomparsa del Sordo, e della società che c'era intorno al Sordo, è frutto di una rivoluzione che ci ha messo dei decenni, a dare i suoi frutti, ammesso che siano dei frutti, e se qualcuno, per un motivo qualsiasi, non sa chi era il Sordo, posso provare a raccontarglielo io, nel prossimo capitolo.

Il Sordo

Il Sordo, prima che diventasse sordo lo chiamavano col soprannome di suo padre, Belibräghi, sembra che una volta a Parma i soprannomi si ereditassero.

Il Sordo era, fisicamente, molto robusto e sembra che una volta, per difendere suo cugino, si fosse intromesso in una rissa e con un pugno avesse mandato all'ospedale per otto giorni un certo Colorni. Sembra che gli piacesse molto andare in bicicletta, al Sordo, e che si alzasse tutte le mattine alle sei per fare allenamento, e che avesse corso in bicicletta per vent'anni. Un suo biografo che si chiama Mezzadri scrive che, se si tiene conto che non solo in vent'anni non aveva mai vinto una corsa, non aveva avuto neanche la soddisfazione di piazzarsi, la sua passione per la bicicletta è ancora più lodevole.

Figlio di tavernieri, da ragazzo il Sordo si era impiegato alla fonderia Damini e la sera aiutava il fratello nella gestione dell'osteria con cucina Norge, dove «A fäv'n andär sinch o séz gat tutt i lundì», Facevano andare cinque o sei gatti tutti i lunedì, poi al bar della corale Verdi. Nel 1938, quando il fratello ha lasciato l'attività, sembra che il Sordo si sia fatto prestare tremila lire e abbia aperto un'osteria con cucina in Borgo Sorgo, dietro via Bixio, dove io sono stato cinquant'anni dopo, alla fine degli anni ottanta, poche volte, e, non so se si capisce, le poche volte che ci sono stato ci andavo con una devozione, come se fosse un museo, quel posto lì dove si beveva il vino nelle scodelle.

Dice Mezzadri che Bruno Lucchini, detto il Sordo, dalle otto del mattino a mezzanotte, per cinquantadue anni, lo si poteva trovare in un angolo della sua osteria in Borgo Sorgo, con il gomito appoggiato alla stufa o seduto a un tavolo a fare una scopa.

È buono come il pane, scrive Mezzadri, ma quando gioca a carte si trasforma e è meglio lasciarlo stare. È convinto di essere un grande giocatore di scopa e, quando perde, diventa irriconoscibile. Intanto che gioca non dà retta ai clienti, che ormai lo sanno e si servono da soli, oppure aspettano.

I giocatori segnavano i punti sui tavoli, col gesso, e per cancellare attaccati alle seggiole c'erano degli strofinacci imbevuti nel vino. Anche quando doveva lavare i tavoli, il Sordo li lavava col vino, tutte le mattine. Diceva che il vino dava al legno un bel colore lucido e teneva lontane le camole, scrive Mezzadri, e che aveva fatto il conto e in cinquant'anni un tavolo del suo locale aveva bevuto più o meno diecimila scodelle di vino.

Il Sordo sturava tutti i giorni cinquanta bottiglie, e sul ripiano di marmo dove si stappavano alla fine c'era il segno del culo, della bottiglia. Scrive Mezzadri che, dopo che aveva smesso di andare in bici, era quella la ginnastica che lo teneva in forma.

Da un certo momento in poi aveva un aiutante che lo chiamavano il Diavolo, magro magro magro, quando entravi ti si presentava davanti, tirava fuori la lingua, si toccava il naso, «Io sono il diavolo», ti diceva, e, ogni tanto, non si sa da dove, tirava fuori una scodella di vino e te la offriva.

I clienti del Sordo eran della gente un po' singolare, con delle facce e dei nomi che rimanevano impressi, per esempio Patàn, imperturbabile sempre, e lo chiamavano Mare Calmo per via che quando nell'osteria una discussione diventava un po' troppo animata Patàn interveniva e diceva, forte, «Mare Calmo!». C'era Temi la Luce, ultimo poeta da marciapiede, che aveva cominciato come discepolo del poeta Schinòn, Schienona, il macellaio.

C'era Gussa e Crìda, Guzza e Piangi, che aveva dodici figli, e c'era Ho Sete di Baci, il calzolaio, che lo chiamavan così perché l'avevan sentito, trent'anni prima, che lo diceva alla sua morosa. C'era Al Schìss, lo Schiacciato, col naso da pugile che gli si era rotto perché era caduto mettendo male un piede in una buca del marciapiede e diceva «A podäva fär càvza al cmòn», Potevo far causa al comune. «At podäv fär càvza a l'ost – gli rispondevano, – at zarè stè imbariäg», Potevi far causa all'oste, sarai stato ubriaco.

C'erano Cagna Mägra, Cagna Magra, Séz Did, Sei Dita, la Tomachén'na, il Pomodorino, Scaldafér, Scaldaferro, Tabacón, Tabaccone, Comò, Armadio.

Ci si poteva incontrare ogni tanto il pittore Madoi, che ci andava a cercare qualche fisionomia suggestiva e una sera, su una carta da formaggio aveva disegnato un ritratto di due facchini della Ghiaia, che era il mercato all'aperto di Parma che era lì da più di duecento anni che l'amministrazione comunale, non questa nuova dei rappresentanti del popolo, quella prima, ci hanno fatto una cosa, una specie di centro commerciale, non si capisce bene, una cosa con dell'aria condizionata con una specie di tetto trasparente che sembra un po' una funivia o qualcosa del genere.

Dicono che a chi usciva dal carcere di San Francesco, il vecchio carcere nel centro di Parma, e non sapeva dove andare a mangiare, gli indicavano l'osteria del Sordo e dicono che il Sordo, senza tante balle, gli scodellasse un pasto caldo, il primo pasto dopo la galera.

Racconta Mezzadri che, alla fine della guerra, un russo che era passato ai tedeschi era andato dal Sordo e gli aveva chiesto qualcosa di forte da bere. Il Sordo aveva solo del vermouth e quello aveva preso il vermouth e piangendo e dicendo «Sono un traditore» aveva insistito per pagare con il suo maglione, non aveva soldi, non c'era stato verso, aveva lasciato il maglione, col freddo che c'era. Il giorno dopo il Sordo aveva saputo che il russo s'era sparato.

E in tempo di guerra Saccani, scrive Mezzadri, un partigiano che aveva vent'anni, aveva mangiato dal Sordo pane e salame e aveva bevuto una scodella di rosso e appena in strada, in Borgo Sorgo, l'avevan fermato gli avevan trovato addosso una rivoltella l'avevan preso l'avevano fucilato.

Allora io, non lo so, era come se l'osteria del Sordo fosse stata una specie di camera di compensazione per l'altro mondo, un posto dove si trovava uno che volentieri ti dava una mano, e c'è da credere che per molti sia stato un sollievo, trovare un posto così, con dentro Bruno Lucchini, detto il Sordo, che è poi morto nel luglio del 1990 e quel giorno, sul portone della sua osteria con cucina, in Borgo Sorgo, c'era un fascione di carta con scritto Chiuso per lutto di famiglia.

E io, quando ho parlato con il mio amico Mario, che è una vita che abita nell'oltretorrente, vicino a Borgo Sorgo, e gli ho detto che, se penso ai quattro posti più belli che ci sono a Parma, o in provincia di Parma, son quattro musei, il museo Guatelli, a Ozzano Taro, la fondazione Magnani Rocca, a Mamiano, il teatro Farnese, che è l'ingresso della Galleria nazionale, in centro a Parma, e l'osteria del Sordo che a me mi è sempre sembrata come un museo, gli ho detto a Mario, e se ci fosse stato qualcuno con della testa ne avrebbe fatto un museo, gli ho detto, e Mario mi ha detto, «Eh, ci hanno fatto un parcheggio», e mi vien da pensare che quel che ha trasformato l'osteria del Sordo e i suoi frequentatori in un parcheggio e nei suoi frequentatori, quella lì sì che è stata una rivoluzione, una rivoluzione che ha preso del tempo e che non ha un nome preciso ma i cui effetti hanno trasformato Parma molto più di quanto la potrà trasformare una qualsiasi giunta di qualsiasi colore politico, secondo me.

Un'altra obiezione

Io mi rendo conto che uno potrebbe obiettare così come segue: «Ma tu – potrebbe obiettare, – con questo elogio del Sordo, non fai altro che dimostrare che sei tutto rivolto al passato, per forza non ti interessano le grandi sfide che ci attendono nel prossimo futuro».

Al che io risponderei, se uno obiettasse così, intanto di stare attento a come parla, gli risponderei, che quando c'è un futuro, è sempre prossimo, se non si sta attenti a come si parla, e quando ci son delle sfide, son sempre grandi, e quando c'è un momento, è sempre difficile, e quando ci son delle idee, son sempre nuove, e quando c'è una nazione, è sempre intera, «Stai un po' attento», gli direi intanto, e poi gli direi che non è vero, che io son rivolto al passato, e lo dimostrerei con una cosa che mi è già successa e che non la scrivo adesso per dimostrare che non sono rivolto al passato, che poi dimostrare, cosa volete che voglia dimostrare, non voglio mica dimostrare niente, comunque questa cosa l'ho scritta un paio d'anni fa ed è stata anche pubblicata dentro un libro che è uscito nel 2012 e si intitola *Presente* e la cosa mi è successa il 16 e il 17 di luglio del 2011 nel paese di Santarcangelo di Romagna dove mi sono trovato in una piazza che, su quella piazza, c'erano due gelaterie, una tutta elegante con quelle insegne cromate con il bancone da design che sembrava un concessionario di motociclette e aveva un nome inglese del tipo Icecreaming e, sulla stessa piazza, dall'altra parte della strada, c'era una gelateria anni settanta, con la vetrina degli anni settanta, con il bancone degli anni settanta e un'insegna in dialetto del tipo Al slè äd la to nona, Il gelato della tua nonna.

E il 16 luglio del 2011, di sera, a guardarle dalla piazza, la gelateria concessionario era piena murata, la gelateria anni settanta non c'era nessuno.

Allora poi il 17, al pomeriggio, quando ero passato davanti alla gelateria anni settanta io ero entrato, avevo visto che i gelati eran da un euro e ottanta oppure da due euro, «Mi dà un gelato da due euro nello scodellino?» avevo chiesto alla gelataia.

«Da due euro e venti va bene?», mi aveva detto lei.

«Va bene.»

«Che gusti?», mi aveva chiesto, e io, non avevo voglia di un gelato, volevo comprare un gelato, e avevo guardato la lista dei gusti, avevo scelto i primi due, fiordilatte e yogurt.

E dopo avevo pagato, poi ero uscito, e, oh, faceva cagare.

Allora, non so come dire, naturalmente i gusti eran gusti, magari se ci andavate voi vi piaceva moltissimo, ma, a me, faceva cagare, e mi era venuto da pensare che bisognava stare attenti, con la nostalgia, anche se mi viene in mente una cosa che non so se c'entra però è praticamente dall'inizio del libro che ce l'ho in mente non so dove infilarla ormai il libro è quasi finito forse è bene che la metto qui altrimenti magari poi me la scordo, e non lo scrivo per dimostrare qualcosa, lo scrivo per dire che, secondo me, è vero che bisogna stare attenti alla nostalgia, però ci son dei però, perché per esempio, quando si è trattato di scegliere l'assessore ai lavori pubblici, il MoVimento 5 stelle che credon di governare Parma hanno dichiarato che loro usavano un metodo nuovo, per scegliere gli assessori, cioè chiedevano il curriculum, e, sulla base del curriculum, hanno scelto l'assessore ai lavori pubblici, e dopo che l'han scelto una lettrice di un sito internet ha scritto un commento che diceva, cito a memoria: «Ma siete matti? Ma lo sapete che quello lì è fallito che ha fatto una casa che non ha avuto l'abitabilità che c'è della gente, a Collecchio, che ci han rimesso i soldi di un appartamento che se lo trovano in giro per strada gli corrono dietro?», aveva scritto questa lettrice, più o meno.

Allora il giorno dopo l'assessore ai lavori pubblici che avevano scelto ha dato le dimissioni e il sindaco ha fatto una conferenza stampa che ha detto, più o meno, «Sì, è vero, c'erano degli illeciti, però non è che avesse costruito un grattacielo in un bosco».

E dopo, al di là delle metafore del sindaco, quello lì ha dato le dimissioni, e a me son venute in mente due cose, un mio amico sardo e mio babbo.

Che il mio amico sardo, che è uno che scrive dei libri, e che insegna all'università, e che scrive sui giornali, e che sono degli anni che si occupa di letteratura, e che è quello che ci ha detto, una sera, a me e a Diego Zucca, «Ma voi, invece di fare dei palindromi, perché non fate la rivoluzione?», io, nel mio piccolo, quando mi invitano a andare in Sardegna, che quello che mi invita non lo conosco, io gli dico «Ci penso», e poi prendo il telefono chiamo quel mio amico sardo che si chiama Luciano Marrocu e gli dico «Senti, mi ha invitato questo, com'è?», e Luciano, che conosce tutti quelli che in Sardegna si occupano di letteratura, mi dice se devo andare o non devo andare. Ecco. Adesso, io non sono un esempio, ci mancherebbe, l'esempio è Luciano, cioè lui è uno che conosce una società, la società letteraria sarda, e del quale io mi fido perché lo conosco e so che è bravo.

Ecco, questa pratica di decidere sulla base del curriculum, di scegliere senza chiedere a nessuno sulla base di dati che potrebbero sembrare oggettivi, a me sembra che escluda la società.

E mi vien da pensare che se i rappresentanti del MoVimento 5 stelle avessero conosciuto qualcuno come mio babbo, che per tutta la sua vita aveva lavorato nell'edilizia e che conosceva tutte le imprese che, in provincia di Parma, si occupavano di edilizia, e le conosceva non per sentito dire, ma perché ci aveva lavorato insieme, e se prima di divulgare il nome dell'assessore che avevano scelto avessero telefonato a questo loro conoscente e gli avessero detto «Abbiamo scelto il tale, come assessore ai lavori pubblici, te cosa ne dici?», il loro conoscente gli avrebbe detto «Guardate che è fallito», e loro avrebbero temperato la scelta del curriculum, oggettiva, scientifica, moderna, con il ricorso alla società, che per un sindaco, per quel poco che capisco io di quel che deve fare un sindaco, non credo sia una cosa secondaria.

Anche perché il curriculum, cioè quel signore lì, nel curriculum, adesso io non l'ho letto, ma credo che non ce l'abbia scritto, il suo fallimento, anche perché il curriculum, cioè il curriculum cos'è, è un documento ufficiale, e le cose ufficiali, non lo so se basandosi sui documenti ufficiali si possono prendere delle gran decisioni.

Qualche settimana fa, per esempio, ho letto su un sito internet che, tra le varie correnti che compongono, oggi, il Partito democratico, c'è anche la corrente dei veltroniani, e mi è venuto in mente di quando, anni fa, un mio amico stava organizzando una serata, in Romagna, sulla letteratura americana, e sarebbero stati presenti Walter Veltroni, Fernanda Pivano e io; che io, che non so niente di letteratura americana, e non ne sapevo niente neanche allora, avevo detto di sì perché sarebbe stata l'occasione per chiedere a Veltroni «Ma lei, ha detto veramente di non essere mai stato comunista?». Dopo la serata non l'han fatta. Ecco io, quando qualche settimana fa ho sentito parlare per radio dei veltroniani, ho pensato che oggi, secondo me, se mi proponessero una cosa del genere, di fare una serata insieme a Walter Veltroni, direi di no, perché quella curiosità lì che mi muoveva allora, di sapere se Veltroni aveva detto veramente di non essere mai stato comunista, oggi non ce l'ho più. Cioè, oggi, da quelli lì, ormai, io, e qualcun altro, anche, credo, mi aspetto di tutto.

Cioè se, per esempio, il sindaco di una città di provincia promette di far chiudere un inceneritore, e poi non lo fa chiudere, se promette di portare la raccolta differenziata al novanta per cento in un anno, e poi la lascia dov'è, se promette di abbassare l'Imu, e poi la alza, se promette di sovvenzionare un'orchestra cittadina, e poi la chiude, se promette di abbassare le rette delle scuole materne, e poi le alza, se promette di smetterla con il consumo di suolo, e poi continua a consumarlo, se promette di non fare più assunzioni per chiamata nominale, e poi le fa, ecco, oggi, se devo dire come mi sembra, son tutte cose che mi sembra già di saperle prima ancora che succedano; non son neanche notizie, sono conferme delle teorie che un filosofo russo, Aleksandr Zinov'ev, ha tirato fuori quasi quarant'anni fa, nel 1976, quando in un suo libro, *Cime abissali*, ha formulato alcune leggi sociali tra le quali la legge che «Arrivano gli arrivisti», e la legge che «Tutto quello che è ufficiale, è falso», che fa venire in mente quel modo di dire parmigiano che dice «Esser falsi come una lapide», che qualcosa vorrà dire, a pensarci.

Quando non si sa cosa dire

Dopo era qualche mese che stavo provando a scrivere questo libro che, come forse sapete, si intitola *Mo mama*, sottotitolo *Da chi vogliamo essere governati?*, e che era un libro che, come forse sapete, parlava, tra le altre cose, di quello che ha fatto il MoVimento 5 stelle al governo di Parma nell'ultimo anno.

E siccome io credevo di avere un'idea abbastanza precisa, di quello che ha fatto il MoVimento 5 stelle al governo di Parma nell'ultimo anno, e la mia idea era che avessero fatto poco, non niente, poco, che era peggio, di niente, che se avessero fatto niente sarebbe stato, in un certo senso, un governo artistico, come *4'33"* di John Cage, un pezzo di musica che dura 4 minuti e 33 secondi che sono 4 minuti e 33 secondi di silenzio, e sarebbe stata una cosa fantastica, il niente, come quando non c'è niente da dire, o quando non si sa cosa dire, o quando non si sa cosa fare, o quando non si vede niente, o quando non si capisce niente, o quando non si sente niente, o quando non si riesce a dormire, o quando non si vuole mangiare, come le scene mute, come le fotografie senza pellicola, come le macchine che restano senza benzina, i sans papier, i sanculotti, i frigo vuoti, i film muti, i buchi neri, la menopausa, le notti in bianco, quando si cerca in tutte le tasche e non c'è neanche una sigaretta, i digiuni, gli anestetici, gli astemi, gli anoressici, gli scioperi, le pianure, le steppe, i deserti, la siccità, la crisi energetica, i black-out, gli annulli filatelici, le amnesie, la crescita zero, le tinte unite, la calvizie, la sterilità, il celibato e il nubilato, l'inappetenza e l'incontinenza, il buio, il silenzio, il niente, il nulla, sarebbe stato bellissimo, al governo, invece loro, quelli del MoVimento 5 stelle di Parma, qualcosina l'han fatta, secondo me, non son stati né caldi né freddi, son stati tiepidi, e io, continuamente, avevo la tentazione, nel libro che stavo scrivendo, di vomitarli dalla mia bocca come se fossi l'autore dell'Apocalisse, cioè di dimostrare questa mia idea che loro non erano bravi, e, continuamente, dovevo ricordarmi due cose, una cosa che avevo sentito dire dall'editrice Emilia Lodigiani qualche settimana prima a Tallinn, eravamo a cena alla fine di quel festival letterario che c'era stato a Tallinn, e parlavamo con uno scrittore estone al quale qualcuno aveva chiesto chi erano gli scrittori italiani che gli piacevano e lui non sapeva cosa dire e io, per aiutarlo, gli avevo detto «Umberto Eco?», e lui mi aveva detto che Eco lui lo considerava più un semiotico, che uno scrittore, e Emilia aveva detto «Non vorrei offendere nessuno ma, secondo me, uno scrittore non deve essere troppo intelligente», e io avevo pensato che aveva perfettamente ragione, e questa cosa cercavo di ricordarmela continuamente, intanto che scrivevo *Mo mama*, di non sforzarmi che tanto non ero troppo intelligente, e per via del fatto di dover dimostrare qualcosa, mi veniva in mente quando Vladimir Grigor'evič Čertkov, che sarebbe diventato il capo dei tolstoiani, aveva mandato a Tolstoj una dimostrazione della veridicità della resurrezione di Cristo, e Tolstoj gli aveva risposto: «Più le cose vengono dimostrate, e più mi vengono dei dubbi. Perché dimostrare? Io credo – aveva scritto Tolstoj, – che se mettessi le mutande a rovescio ne risulterebbe una spiacevolezza, e non posso disfarmi da questa credenza, ma non mi metterò a dimostrare la verità a nessuno».

Un prefinale

Dopo, alla fine, a forza di dài e dài, era proprio estate.

Ero al mare, in Toscana, a Viareggio, con la Battaglia.

Stavo lì tre giorni, poi tornavo nel mondo, poi tornavo a Viareggio, stavo lì tre giorni, poi tornavo nel mondo, poi tornavo a Viareggio con la Battaglia, in un'atmosfera un po' battagliesca dove, per esempio, saltava fuori un libro, *In quel liquido blu*, sottotitolo *Perché Atlantide non c'è più*, che era il libro che la Battaglia con la sua classe avevano recitato nella recita della scuola, e la Battaglia lo apriva, cominciava a leggerlo, «Ma ci hanno copiato», diceva poi dopo.

E stavamo lì, andavamo in spiaggia, facevamo il bagno, in mezzo ai turisti, che a Viareggio, in Toscana, i turisti, devo dire, non mi davan fastidio, anche perché sotto le nostre stanze, di notte, si sentiva sempre parlar della gente che sembravano tutti viareggini, con quell'accento, lì, viareggino, che rispetto all'accento emiliano manifestava la sua natura meridionale, non assoluta, relativa, rispetto all'Emilia (si dice Emilia-Romagna, non Romagna-Emilia, e non potrebbe essere altrimenti, pensiamo noi emiliani), e i turisti, dicevo, a Viareggio, i primi di luglio, primi giorni d'estate, non erano fastidiosi, eran normali, invece i turisti, nel mese di giugno, ma anche di maggio, a Parma, o a Bologna, io quando vedevo dei turisti, a Bologna, e soprattutto a Parma, mi veniva da pensare "Ma cosa ci fanno dei turisti a Bologna, e soprattutto a Parma", che non era un pensiero intelligente, perché io, se dovessi dire un posto che secondo me val la pena di vedere, al mondo, è Parma, e anche Bologna, ma soprattutto Parma, solo che, secondo me, i turisti, è meglio se stanno a casa, perché se arrivano troppi turisti dopo Bologna, e soprattutto Parma, diventano come Siena, che sarebbe un posto bellissimo, se non ci fossero turisti, e lì al mare, a Viareggio, invece, con un tasso di turismo decente, sopportabile, con le notti in un appartamento toscano, circondato da delle voci toscane, io quel che facevo in riferimento a questo libretto andavo a visitare dei siti internet dove si diceva quel che succedeva nel mondo, e mi accorgevo che un sindaco di una città emiliana, cioè il sindaco della città di Parma, aveva detto, in consiglio comunale, che su un certo argomento erano stati fatti molti discorsi da bar.

E la cosa mi colpiva perché, più o meno nello stesso momento in cui il sindaco diceva queste cose io, più modestamente, stavo leggendo un libro che era uscito da poco, ed era un libro di Flaminio Gualdoni, e si intitolava *Piero Manzoni*, sottotitolo *Vita d'artista*, e c'era scritto che le prime mostre di Piero Manzoni, destinato a diventare uno dei più influenti artisti italiani del dopoguerra, al quale lo Städel Museum di Francoforte stava dedicando in quei primi giorni d'estate del 2013 un'importante retrospettiva, le prime mostre, dicevo, Manzoni le aveva fatte in un bar, il bar Jamaica di Milano, che era un bar dove andavano anche, tra gli altri, i fotografi Uliano Lucas e Mario Dondero e gli scrittori Luciano Bianciardi e Ernest Hemingway.

I quali, probabilmente, quando erano lì al bar Jamaica di Milano, essendo in un bar, facevano dei discorsi da bar, alcuni dei quali, poi, probabilmente, diventavano materia prima per le loro opere, letterarie quelle di Bianciardi e di Hemingway, fotografiche quelle di Lucas e Dondero, artistiche quelle di Piero Manzoni.

Mi era venuto perciò il dubbio che il sindaco di una città emiliana, cioè il sindaco della città di Parma, quando si era riferito al fatto che in consiglio comunale si erano fatti molti discorsi da bar, volesse fare un complimento, ai componenti del suo consiglio comunale, solo che poi avevo letto i commenti a questa notizia e i commenti sembravano alludere al fatto che quella del sindaco era piuttosto una critica, che un complimento, e che con «discorsi da bar» il sindaco di quella città emiliana intendesse, più o meno, discorsi volgari, poco eleganti.

E allora mi era venuto in mente di quando, un paio di anni prima, avevo letto un libro di due storici che insegnavano a Cambridge, Derek Beales e Eugenio F. Biagini, e il libro si intitolava *Il risorgimento e l'unificazione dell'Italia*, e c'era scritto che «L'italiano sembra spesso una lingua particolarmente adatta alla retorica», e io avevo pensato che l'italiano che parlavano al bar Riviera, per esempio, un bar della periferia di Parma dove avevo passato la mia giovinezza, e dove la frase che si sentiva dire più spesso era «Cat vena 'n cancor», ecco quell'italiano lì, che poi era dialetto, ma ci siamo capiti, e si può tradurre anche in italiano («Che ti venga un canchero»), ecco a me, come forse ho anche già detto, non mi sembrava mica tanto retorico, l'italiano del bar Riviera e avevo pensato che, al contrario, a me piaceva molto, l'italiano dei bar, e che per esempio, nell'estate del 2013, a Viareggio, mi aveva sorpreso la frequenza dei punti esclamativi, nei bar toscani, molti più punti esclamativi che nei bar emiliani, avevo pensato, e poi avevo pensato che comunque la si volesse girare c'era una cosa, e questa cosa era che il sindaco di Parma, qualsiasi cosa dicesse, io praticamente non ero mai d'accordo.

Anche lui

Anche se però, cioè uno potrebbe anche pensare che sono io, che lo ammetto, un po' sono anch'io, però anche lui. Cioè io non ce l'ho con lui, ci mancherebbe, non lo conosco, praticamente, però anche lui, dài. Non so, per esempio, sull'inceneritore, che aveva detto che se fosse diventato sindaco lui, l'inceneritore non l'avrebbero acceso, e poi a un certo punto, quando si è capito che l'inceneritore ormai era fatto e accenderlo bisognava accenderlo, lui ha detto che non l'aveva mai detto, che se fosse diventato sindaco lui l'inceneritore non l'avrebbero acceso; che io, l'ho già detto, non ne so tanto di politica, ma ho preso l'impegno di scrivere un libretto sulla politica e allora per un certo periodo mi sono interessato più del solito della politica, senza magari l'acume e la proprietà di linguaggio che probabilmente sarebbero necessari a parlar di politica, ma comunque, quando il sindaco di Parma, in occasione dell'annuncio dell'accensione preliminare dell'inceneritore di Parma, ha dichiarato alla stampa di non avere mai detto che, se eletto, avrebbe impedito questa accensione, e dopo avergli sentito dire che sfidava chiunque a trovare un'intervista o un video dove faceva questa promessa, io, per via forse della mia ingenuità politica, ero portato a credergli.

Quindi, quando ho trovato nei verbali del consiglio comunale di Parma del 14 giugno del 2012 la frase, pronunciata dal sindaco di Parma, «I punti del nostro programma elettorale sono chiari, noi vogliamo non fare aprire, fermare l'inceneritore che è in costruzione, troveremo una soluzione condivisa, senza, anche in questo caso nessun terrorismo, nessun rischio di posti di lavoro, di ulteriori debiti, troveremo sicuramente una soluzione condivisa con Iren, perché noi, quello che vogliamo, è anche qua portare a Parma un punto di eccellenza per quanto riguarda la gestione dei rifiuti, che per noi sono risorse, non devono essere bruciati, e quindi resi inutilizzabili», io, dicevo, quando ho trovato una frase del genere, pronunciata dal sindaco di Parma, sono rimasto interdetto.

E siccome non potevo dubitare della buona fede del sindaco di Parma, e quindi sapevo che lui non aveva mai detto che l'inceneritore l'avrebbero chiuso, non riuscivo a capire cosa voleva dire la frase «non fare aprire, fermare l'inceneritore che è in costruzione». Non so. Possibile che volesse dire «procedere all'accensione preliminare»? «Non fare aprire, fermare l'inceneritore che è in costruzione.» «Procedere all'accensione preliminare.» A me mi sembravano due cose diverse, ma forse ero io. La politica nuova, si vede, aveva un linguaggio tutto suo che ero io, che non avevo gli strumenti per capirlo. «Non fare aprire, fermare l'inceneritore che è in costruzione.» «Procedere all'accensione preliminare.» A me mi sembravan due cose diverse. E «troveremo sicuramente»? «Troveremo sicuramente una soluzione condivisa»? Mah. L'avevo anche pubblicata sul quotidiano «Libero», questa cosa, e mi aspettavo che il sindaco di Parma, che aveva detto «Sfido chiunque», mi avrebbe risposto. Invece non mi ha mica risposto. "Si vede che non legge 'Libero'", avevo pensato. Invece poi dopo mi ero accorto che lo leggeva. No ma, non è colpa sua; il fatto è che abbiamo due lingue diverse. Due lingue che son destinate a non capirsi mai l'una con l'altra; che io quando sento «Sfido chiunque», o «plurale maiestatis», penso a una cosa, invece lui quando dice «Sfido chiunque» (o «plurale maiestatis») ne intende un'altra, e allora si creano i malintesi, può succedere, è successo anche a Arrigo Sacchi e a Bobo Vieri.

E per via dell'inceneritore, adesso poi, nei mesi che ci ho messo a far su questo libretto, c'è stato anche un periodo che ero quasi morto, marzo aprile, e lì, in un ospedale di Bologna, mi sono arrivate delle informazioni forse un po' confuse, adesso io non ne voglio parlare, di quel periodo lì, che non è bello, parlare di morti, ma mi è sembrato, in quel periodo lì, che il sindaco di Parma, dopo che in campagna elettorale aveva detto che non avrebbe più assegnato incarichi nominativi senza concorso, abbia assegnato diversi incarichi nominativi senza concorso tra cui uno a un consulente di sua fiducia per verificare, al costo di alcune migliaia di euro, una possibilità che lui, il sindaco di Parma, in campagna elettorale considerava possibile, di fermare l'inceneritore.

Sembra che questo consulente in deroga, se così si può dire, la conclusione a cui è arrivato, al costo di alcune migliaia di euro, è stata che l'inceneritore non era possibile spegnerlo, che era una cosa che Vincenzo Bernazzoli, che era il presidente della provincia di Parma, e che, alle elezioni, era stato l'antagonista del sindaco di Parma, in campagna elettorale l'aveva ripetuto gratis per dei mesi. Che adesso si potrebbe pensare che io ho votato per Bernazzoli, invece non ho votato per Bernazzoli, non sono residente a Parma, ma anche se fossi stato residente a Parma non avrei votato per Bernazzoli lo stesso perché io sono vent'anni che non voto, che io, per conto mio, la conclusione cui sono arrivato, non che sia importante, ma io, per votare qualcuno, il requisito minimo che chiedo è che quello lì che voto non abbia la faccia tosta di presentarsi candidato, allora forse potrei anche pensarci, a votarlo, ma se si presenta candidato, mi dispiace, non ci penso nemmeno, a votarlo, che l'ho anche già scritta, tra l'altro, questa cosa, che uno, mi rendo conto, potrebbe anche chiedermi «Ma a te ti sembra, di fare un libro che è pieno di cose che hai anche già scritto?».

Ecco, a una domanda del genere la mia risposta sarebbe «Sì, a me mi sembra», e il motivo per cui mi sembra è l'effetto Kulešov, che è un regista sovietico che in un libro del 1941, *Fondamenti della regia cinematografica*, parla di un esperimento che ha fatto filmando quattro sequenze: qualche secondo del primo piano di un attore, che si chiamava Mozžuchin, che guardava il paesaggio; qualche secondo di una zuppa fumante; qualche secondo di un bambino steso, come se fosse morto, dentro una bara; qualche secondo di una ragazza stesa su un divano.

Poi Kulešov, il regista, aveva montato le sequenze in questi tre modi: zuppa fumante – primo piano dell'attore; bambino nella bara – primo piano dell'attore; ragazza sul divano – primo piano dell'attore.

E la faccia dell'attore Mozžuchin, nel primo montaggio sembrava una faccia affamata, nel secondo una faccia disperata, nel terzo una faccia innamorata, e la faccia era sempre quella, e l'esperimento di Kulešov dimostra, ammesso che sia possibile dimostrare qualcosa, che il significato che si attribuisce a una cosa cambia a seconda delle cose che la circondano, e questo è il motivo per cui mi permetto di ripetere delle cose che se non ci fosse l'effetto Kulešov verrebbe anche a me da chiedermi "Ma a te ti sembra, di fare un libro che è pieno di cose che hai anche già scritto?", invece l'effetto Kulešov c'è e non me lo chiedo (che, tra l'altro, anche questa cosa qui dell'effetto Kulešov, l'ho già scritta anche quella).

Dopo, per via del sindaco di Parma e del suo «Sfido chiunque» (e anche del «plurale maiestatis») e della relazione che questo «Sfido chiunque» (e anche il «plurale maiestatis») hanno con Arrigo Sacchi e Bobo Vieri, una volta ho sentito dire per radio che a Arrigo Sacchi, che come si sa è un allenatore di calcio romagnolo, una volta gli avevan proposto di allenare una squadra spagnola che si chiamava, se non ricordo male, Atlético Madrid, e l'attaccante più forte dell'Atlético Madrid era all'epoca un giocatore di calcio italiano che si chiamava Bobo Vieri, e prima di accettare e di firmare un contratto che lo legava all'Atlético Madrid per un numero imprecisato di annualità, avevan detto per radio (cioè forse le annualità le avevan dette, sono io che non me le ricordo), Arrigo Sacchi prima di accettare aveva telefonato a Bobo Vieri e gli aveva detto «Bobo, mi han chiesto di allenare l'Atlético Madrid per un numero imprecisato di annualità, io non gli ho ancora dato una risposta perché sono disposto a accettare solo a una condizione, che tu mi dia la tua parola d'onore che alla fine dell'anno resterai ancora all'Atlético Madrid», e avevan detto che Bobo Vieri gli aveva risposto «Sì mister, le do la mia parola d'onore», che i calciatori mi sembra che faccian così, che gli allenatori loro non li chiamano con il nome di battesimo e neanche con il cognome, li chiamano mister.

Allora Sacchi, avevan detto per radio, aveva firmato il contratto che lo legava all'Atlético Madrid per un numero imprecisato di annualità e poi era andato in vacanza, nel suo mondo senza lavoro, come io a Viareggio, e Sacchi presumo sarà andato in Romagna, nella sua Fusignano, o lì vicino in riviera quando, un bel giorno, compra la «Gazzetta dello Sport», o un giornale spagnolo equipollente, e sulla «Gazzetta dello Sport», titolo a nove colonne: «Bobo Vieri all'Inter» (o alla Juventus, o alla Lazio, non mi ricordo a che squadra, e non ha tanta importanza).

Allora Sacchi cosa fa, avevan detto per radio, prende il cellulare, telefona a Bobo Vieri gli dice «Bobo, ma è vero che vai all'Inter, o alla Juventus, o alla Lazio, o non mi ricordo a che squadra e non ha tanta importanza?».

«Sì, mister – gli dice Vieri, – è vero.»

«Scusa Bobo – gli dice Sacchi, – ma tu mi avevi dato la tua parola d'onore che restavi all'Atlético Madrid.»

«Eh, mister – gli dice Vieri, – va bene, ritiro la mia parola d'onore.»

Ecco, questa storia io l'ho sentita per radio, la riferisco come l'ho sentita, o, meglio, come me la ricordo e, ammesso che sia vera, l'impressione che ho è che, nella testa di Vieri, «Le do la mia parola d'onore» volesse dire una cosa completamente diversa da quello che voleva dire nella testa di Arrigo Sacchi, così come, probabilmente, nella testa del sindaco «Sfido chiunque», e, probabilmente, anche «Troveremo sicuramente» e, probabilmente, anche «plurale maiestatis», vogliono dire una cosa completamente diversa da quello che vogliono dire nella mia, di teste.

Un altro prefinale

Che adesso, non che la voglia tirare tanto alla lunga, abbiamo quasi finito, devo solo dire due cose, la prima che una volta, nella primavera del 2013, sono andato al consiglio comunale di Parma per sentire il consiglio comunale speciale sull'inceneritore e sono andato lì e l'ho sentito e ho preso degli appunti e dopo poi mi sono messo il cappotto, ho fatto per uscire, quando son stato fuori dalla sala del consiglio comunale vedo uno che mi viene incontro che mi sembrava che fosse il sindaco di Parma e era proprio il sindaco di Parma.

E viene da me e mi chiede «Ma lei è Paolo Nori?».

«Sì», gli dico io.

«Ah, volevo dirle che quel servizio lì che avete fatto in televisione, quello lì al Fuori Orario che finiva sulla mia faccia, era proprio brutto. Brutto, prevenuto, come tutti i pezzi che scrive lei, fin dai primissimi, su “Libero”», mi ha detto il sindaco di Parma che poi io, a quel punto lì, avrei potuto dirgli un sacco di cose, al sindaco di Parma.

Non so, per esempio avrei potuto dirgli «Guardi, forse sono prevenuto, ma lei ha letto *Lettere spirituali*, di Giuseppe Rensi?».

Al che lui forse mi avrebbe risposto «No, però ho letto *Il gabbiano Jonathan Livingston*, di Richard Bach».

E io allora gli avrei potuto dire «Bravo, ha fatto bene a leggere *Il gabbiano Jonathan Livingston*, di Richard Bach, però, se prova a leggere anche *Lettere spirituali*, di Giuseppe Rensi, a un certo punto trova un pezzetto che dice: “Alla mattina ti lavi o fai il bagno, ti radi. Compiuta l’operazione dici: ecco, adesso è fatto. Dopo poche ore, la mattina dopo, è da rifare”, scrive Giuseppe Rensi nelle *Lettere spirituali*, e così, allo stesso modo – avrei potuto dire al sindaco di Parma, – io forse son prevenuto – avrei potuto dirgli, – ma quella che a voi vi sembra una rivoluzione, che io non la vedo ma voi dite che è appena cominciata e io sono disposto anche ad ammettere che io le rivoluzioni non le ho mai viste tanto bene, nella mia vita, forse mi è sfuggita anche questa, ma ammesso che sia così, che la vostra rivoluzione, come dite voi, sia appena cominciata, secondo me tra poco – avrei potuto dirgli, – domani, o dopodomani, o tra cinque anni, o tra dieci, o tra quindici, sarà come se non ci fosse mai stata. Che è una cosa antipatica, da dire, ma a me è venuta da dirgliela, cosa ci posso fare?», gli avrei potuto dire.

Solo che il sindaco di Parma, quando mi è venuto a dire che il servizio che avevamo fatto su di lui e sull'inceneritore era brutto, quel servizio lì che finiva con la sua faccia, secondo me lui non voleva sentir niente da me, voleva solo dirmi che quel servizio lì era brutto e che io ero prevenuto, allora io, che ho rispetto per le autorità, non gli ho detto niente, gli ho detto «Va bene», e ho preso su son venuto a casa.

La seconda cosa è che poi, nel mese di luglio del 2013, al comune di Parma, l'assessore al bilancio ha dato le dimissioni e hanno scelto un nuovo assessore al bilancio sulla base del curriculum, e l'assessore al bilancio nuovo, che si chiamava Marco Ferretti, e che era un ricercatore dell'università di Parma, nel suo curriculum aveva scritto, nella sezione «Capacità e competenze personali acquisite nel corso della vita e della carriera ma non necessariamente riconosciute da certificati e diplomi ufficiali»: «Capacità di lettura in lingua inglese: ottima; capacità di scrittura in lingua inglese: ottima; capacità di espressione orale in lingua inglese: ottima; capacità e competenze relazionali: ottime capacità di relazionarsi con gruppi e singoli, spiccate competenze acquisite anche durante l'attività di docenza nella pluriennale esperienza; ottime capacità di relazionarsi con diversi livelli manageriali e diverse professionalità; capacità e competenze organizzative: ottime capacità di gestire gruppi nell'attività di conduzione di progetti; spiccate competenze ed esperienze manageriali all'interno di organizzazioni complesse; capacità e competenze tecniche: Windows: ottima conoscenza degli applicativi del pacchetto Office 2010 (Word, Excel, Access, Power Point); ottima conoscenza di software di gestione email: Outlook, Outlook Express, Internet Explorer; capacità e competenze artistiche: niente; altre capacità e competenze: niente; patente o patenti: patente B».

Un finale

Dopo, cioè prima, nel novembre del 2012, da quella trasmissione televisiva alla quale ho collaborato nel 2012, che, forse non l'ho ancora detto, era una trasmissione di Rai 3 che si chiamava *Volo in diretta*, da quella trasmissione lì mi hanno proposto di andare a Milano a sentire il dibattito tra i cinque candidati per le primarie del Partito democratico e io non ci sono andato.

Son stato a casa.

Son stato a casa perché dovevo andare in una libreria di Bologna a fare un corso di scrittura che si chiama Scuola elementare di scrittura emiliana.

Che, secondo me, ho fatto anche bene.

Che se uno mi dicesse «Guarda che quelli lì saranno quelli che ti governeranno», io gli direi «Non lo so, se quelli lì a me mi governeranno».

Perché io, tutte le volte che si vota a me mi vien da pensare che io non lo so, se sono governato dalla giunta comunale di Casalecchio di Reno, o dalla giunta regionale dell'Emilia-Romagna, o dal governo nazionale di Roma, o dal governo europeo di Bruxelles, non lo so.

Io, a ripensare al *Maestro e Margherita* di Bulgakov, che nelle prime pagine c'è una signora che ha un chiosco di bevande a Mosca e apre due succhi di albicocca e intorno si spande odore di parrucchiera, e io, da quando ho letto quella cosa lì, tutte le volte che sento odore di parrucchiera penso al *Maestro e Margherita*, e se non avessi letto *Il maestro e Margherita* probabilmente non avrei mai riconosciuto, nella mia vita, l'odore di parrucchiera, o a ripensare alle poesie di Chlebnikov, e «le ragazze, quelle che camminano, / con stivali di occhi neri, / sui fiori del mio cuore», o alle cose che ha scritto Charms, e «quando compri un uccello, guarda se ci sono i denti o se non ci sono, e se ci sono i denti, non è un uccello», o alle opere di Learco Pignagnoli, filosofo emiliano, e a tutte le volte che mi è tornato in mente che «Tranne me e te, tutto il mondo è pieno di gente strana, e poi anche te sei un po' strano», a me, tutte le volte che si vota mi vien da pensare che io, invece che dai vari governi pentapartito o monocolore che si sarebbero alternati alla guida del paese negli anni della mia adolescenza e della mia giovinezza, io, piuttosto che da loro, sono stato governato da Bulgakov, da Chlebnikov, da Charms, da Mandel'štam, da Puškin, da Anna Achmatova, da Lev Tolstoj, da Gogol', da Dostoevskij, da Venedikt Erofeev, da Iosif Brodskij, da Learco Pignagnoli, filosofo emiliano e sono stato, a volte, per degli attimi, per dei giorni, per dei mesi, un suddito felice e riconoscente e allora per me, un evento politico più importante delle primarie del Partito democratico sarebbe che qualcuno, da qualche parte, in Russia, o in Emilia, a Sant'Ilario, o a San Pietroburgo, o a Vezzano sul Crostolo, o a Carpineti, o a Vladivostok, di notte, nel suo appartamento, uno che non sappiamo neanche come si chiama, e che fa, probabilmente, un mestiere normale, come ispettore delle mense scolastiche, sarebbe importante che quello lì continuasse a scrivere il romanzo al quale sta lavorando da dei mesi, che continuasse a rubare tempo al sonno per tirare fuori dalla sua pancia il romanzo destinato a governarci, a me e a quelli come me, nei prossimi anni e a fare ancora di noi, per un po', dei sudditi felici e riconoscenti, speriamo, speriamo.

E poi dopo basta

Al consiglio comunale di Parma, nel mese di novembre dell'anno 2012, il consigliere comunale del MoVimento 5 stelle Alessandro Mallozzi ha proposto una mozione che riguardava l'introduzione, a Parma, dei condomìni 5 stelle, cioè condomìni dove la gente, invece di litigare, come si fa di solito tra condòmini, vanno d'accordo: si aiutano l'uno con l'altro, comprano un abbonamento unico per il wi-fi e poi lo usano tutti, ricominciano a parlare tra di loro, giocano a carte, fanno i turni per potare le piante, per zappare l'orto, che sono cose, per carità, come si fa a non essere d'accordo?, solo che è una cosa, la gentilezza, che non è che si può decidere con una delibera del consiglio comunale, avevo pensato quando avevo sentito questa proposta al consiglio comunale di Parma.

E poi mi ricordo che avevo pensato che era molto strano che il consigliere Mallozzi avesse usato il nome «condomìni 5 stelle», e mi era venuto da chiedermi cosa sarebbe successo se un socialista, negli anni ottanta, avesse proposto i condomìni del Partito socialista, o un socialdemocratico i condomìni socialdemocratici, o un democristiano i condomìni democristiani, o un comunista i condomìni del Partito comunista, o uno di Democrazia proletaria i condomìni di Democrazia proletaria, o uno del Partito democratico della sinistra i condomìni del Partito democratico della sinistra; gli avrebbero riso in faccia, probabilmente, a uno che avesse fatto una proposta così, invece la proposta dei condomìni 5 stelle del consigliere Mallozzi, al consiglio comunale di Parma l'hanno approvata all'unanimità, nel mese di novembre del 2012.

E a me, ma probabilmente per via del fatto che politicamente sono un po' ingenuo, era venuto in mente che, al di là della distanza linguistica e dell'incomprensione del modo di operare di questi operatori del MoVimento 5 stelle, probabilmente, mi era venuto in mente, questi operatori erano mossi dalle migliori intenzioni, e mi ero ricordato il monologo di un autore italiano del novecento che metteva in scena un personaggio che si chiamava Ruggero che diceva così:

Mi chiamo Ruggero, e sono un esponente della comunità dei figli dell'amore eterno. Per figli dell'amore eterno si intende un sacco di ragazzi, no?, un sacco simpatici che hanno fatto un certo tipo di scelta, la scelta dell'amore. La nostra vita consiste praticamente nel dare amore agli altri, no?, cioè, mettendocela proprio tutta, no?, e nel vivere in aperta campagna a contatto con i boschi, con i prati, con l'erba, con gli uccelli, cioè con tutta questa gente qua, no? Come potete vedere noi viviamo in questo tipo di tenda, no?, che è un sacco umida e un sacco povera, ma non è che noi lo facciamo così per fare gli snob per fare i fricchettoni figli di papà eccetera, no?, cioè noi lo facciamo per dimostrare alla gente, no?, che si può vivere con un minimo di adattamento, cioè senza tante pretese, capito?

Cioè praticamente la nostra vita comincia così la mattina, cioè noi ci svegliamo un sacco presto, verso le nove e un quarto, nove e mezza, no? Facciamo subito colazione, no?, e subito dopo ci mettiamo in marcia, no?, per reperire i propri cibi necessari al nostro sostentamento, no? E mentre le ragazze provvedono alla raccolta dei frutti naturali della terra, tipo carciofi, insalata, fagiolini, piselli, cioè tutta roba vegetariana un sacco buona, no?, noi ragazzi invece provvediamo alla caccia, e siamo un sacco bravi a sparare col fucile. Infatti capita spessissimo che la sera torniamo con dei cesti proprio carichi di cacciagione, no?, un sacco di tordi, quaglie, fagiani, qualche leprotto, qualche scoiattolino, no?

Ora, molta stampa un sacco tendenziosamente un sacco faziosamente, ha scritto che noi siamo un'associazione paramilitare, no?, cioè che usiamo le armi a scopo offensivo, mentre invece questo qua credetemi, è falsissimo. Noi usiamo le armi, ma per difendere i poveri che come la storia ci insegna, vivono sempre emarginati dalla società in cui noi viviamo, e quindi in un certo senso, no?, è nostro compito così doverli difendere, no?, perché loro, veramente, ti giuro, guarda, ci hanno un sacco di volte delle noie con bestie feroci tipo lupi orsi faine volpi, capito? Cioè è un compito di carità il nostro, un compito d'amore, capito?

E oggi

E oggi, che è il 10 di luglio del 2013, mentre finivo di scrivere questo libretto, ho sentito un politico che usava, per radio, l'espressione «Stare in Europa» e io, automaticamente, ho pensato che, secondo me, sarebbe meglio stare al mondo, se dovessi dire.

Nota

Quella specie di guida di Parma (che non è una guida di Parma) di cui si parla nel capitolo «Genova» si intitola *Siam poi gente delicata* (sottotitolo: *Bologna Parma 90 chilometri*) ed è uscita per Laterza nel 2007;

al profilo di Wikipedia di cui si parla nel capitolo «Ma però» qualcuno ha aggiunto, alla fine, «Adesso sta bene»;

la traduzione dei primi versi dell'*Onegin* di Puškin citata nel capitolo «Ma però» è di Ettore Lo Gatto e viene da Aleksandr Puškin, *Eugenio Oneghin*, Quodlibet, Macerata 2008, p. 15;

la poesia di Nino Pedretti citata nel capitolo «Ma però» (*L'orgasmo*) è tratta da *Al vòuṣi e altre poesie in dialętto romagnolo*, a cura di Manuela Ricci, Einaudi, Torino 2007, p. 75;

il frammento della poesia *Cuntantèrs*, di Raffaello Baldini (capitolo «Ma però»), è tratto da *La nàiva. Furistír. Ciacri*, Einaudi, Torino 2000, pp. 17-18;

il pezzetto di Daniil Charms alla fine del capitolo «La rivoluzione» viene da Daniil Charms, *Disastri*, traduzione e cura di Paolo Nori, Marcos y Marcos, Milano 2011, pp. 15-16;

la frase di Perec nel capitolo «Mo mama» è tratta da Georges Perec, *L'infra-ordinario*, traduzione di Roberta Delbono, Bollati Boringhieri, Torino 1994, pp. 12-13;

il pezzo di Camus su Siena citato nel capitolo «Mo mama» è tratto da Piergiorgio Bellocchio, «L'Italia di Camus», in *Al di sotto della mischia*, Scheiwiller, Milano 2007, pp. 115-116;

la storia della mancata collaborazione con la «Gazzetta di Parma» che è raccontata nel capitolo «Visioni del mondo» viene da *Si chiama Francesca, questo romanzo*, Marcos y Marcos, Milano 2012;

la frase di Vonnegut sul difetto nella Costituzione americana (capitolo «Birkenau») viene da Kurt Vonnegut, *Un uomo senza patria*, traduzione di Martina Testa, minimum fax, Roma 2006, p. 83;

buona parte delle notizie sul Sordo del capitolo «Il Sordo» vengono da Giuseppe Mezzadri, *Apen'na da biassär* (Appena da mangiare), Parma 1980.

Finito di stampare
nell'ottobre 2013 presso
Rotolito Lombarda SpA – Seggiano di Pioltello (Milano)